德国经济再认识

刘明礼·著

时事出版社
北京

序　言

2020年新冠疫情的到来始料不及，它迅速席卷全球，改变了很多人的人生轨迹，当然也包括我自己。2021年1月15日，我从北京出发，踏上了飞往德国的航班，经法兰克福到柏林，开启了一段新的人生旅程。

我读研究生的时候研究方向就是欧洲经济，在学校里学习了一些关于欧洲一体化的基本情况，毕业后一直从事欧洲方向的研究工作，时间加起来也有20年了。作为所谓的欧洲问题"专家"（之所以用"专家"一词，并不是给自己戴高帽子，而是因为在很多人看来，这一词的含义并不总是正面的，很多熟悉的朋友和同学也用这样的字眼来挖苦我，用这个词来描述像我这样仅会纸上谈兵的"半吊子学者"可能倒也合适），对疫情下的德国知之甚少，那么，国内对真实情况又能了解多少呢？

中国人经常说，危机中蕴藏着机遇，疫情下赴德国工作和生活，倒也是难得的丰富自己对德国认知的机会。"读万卷书、行万里路"，对于一个从事现实问题研究的学者来说，"居于室而观天下"固然好，但如果能有丰富的感性认识，也许能够看得更准、更远，时代似乎也需要基于现实的对宏观问题的认知。

利用到德国工作这样的宝贵机会，把自己的所见、所思、所想记录下来，丰富我们对德国的认知，不是很好吗？除了作为研究人员的写作冲动外，我也有一定的写作压力。写书并非是此次到德国必须完成的工作任务，赴德之前我也对此犹豫不决，毕竟是需要付出很多时间和精力的事，需要慎重考虑。但行前与导师的一番谈话，让我的决心坚定起来。说起来自己也已经到了不惑之年，但在我的博士生导师、国际关系学院陶坚院长那里，我永远是学生，永远会得到启发。临行告别时，陶老师半开玩笑地说："你在德国两年，不用带孩子、不用做家务，再写不出一本书来，说得过去吗？"是啊，如果没能用在德国工作的这段时间在学术上有所进展，回国后又如何去见导师呢？似乎不需要再犹豫了。回顾以往，一些课题、论文也都是在领导、老师、编辑的督促下完成的。包括自己的博士论文，如果不是导师的压力，也就不会有书稿面世了。虽然过程比较艰辛，但事后回想起来，所有的付出都是值得的。

接下来的问题是，从何入手呢？过去的学术训练告诉我，研究一个问题要有主线、目标，问题要比较明确，或者说要有合适的切入角度，记账式的研究容易让人对问题的看法流于表面。那对于德国，研究什么领域呢？政治、经济、文化、外交、历史、科技……这些都有关注的价值。直觉告诉我，要研究经济。

过去一些年来，我一直从事欧洲经济相关的研究工作，主要是在欧盟和欧元区层面，对于国别的了解有限。身处德国——欧洲最大的经济体，也是全球第四大经济体，给我提供了了解这个国家经济的大好机会。过去在欧洲重大的经济问题上，比如10多年前的欧洲债务危机，德国也往往发挥着决定性作用。将德国经济作为研究对象，或者说作为观察德国的角度，也可以丰富自己对德国、对欧洲经济的认知，同时自己也具备一定的基础，研究德国经济似乎顺理成章。

选择德国经济作为写作对象，并不意味着放弃对德国其他领域的研究。一个经济现象的背后，往往是政治、文化、历史、法律等各种因素的作用。"理论是灰色的，而生命之树长青"，本书无意在既定的经济学理论框架下讨论德国经济，而是立足于德国经济的现实，而这些现实又与其他领域有着千丝万缕的联系，这无形中会把其他领域也纳入观察范围。这也是我经过多年的经济学学习后从事现实问题研究的一个体会。对于某个经济现象或者经济问题，一个变量不会因为其在理论框架中无法量化而变得不重要。这样考察德国经济的一个结果，很可能是在一些经济学家看来，书中的内容理论深度不够，用的模型太少，但是抛开理论框架的束缚，却也可能让我们对德国经济的认识更加丰满和真实。

这篇序言写在我来柏林几个月之后，生活已经安定下来，对德国经济的观察也有了一些初步感受，有一些现象引起了我的兴趣，让我不得不重新梳理和思考自己对德国经济的认识。比如来德国之前，德国的历史告诉我，德国人对通胀深恶痛绝，但来了之后，却发现包括食品在内的物价在德国出现了大幅上涨；之前认为德国的房价、房租稳定，值得其他国家借鉴学习，甚至自己还做过这方面的调研，但这次来柏林之后，却经常能够看到抗议房价、房租上涨的年轻人；之前认为德国的汽车制造业全球领先，但如果说新能源汽车是未来的发展趋势，德国在发动机方面的传统优势可能荡然无存。

关于这些问题，我都没有准备答案。我感觉到，在世界大变局之下，在新冠疫情冲击下，德国经济的表现并不符合传统上的认知，至少在我看来是这样的。也许是我们过去对它认识不够，也许是它真的变了。不论如何，对德国经济重新认识，是我的一个强烈感受。在接下来两年左右的时间里，我将开启一段探索旅程，可能我无法给德国经济现象做出准确的分析，但我希望能分享我的观察和思考，丰富我们对德国经济的认知。

2021 年 6 月 5 日

于柏林施普雷河畔

目 录
contents

第一章 物价与房价"比翼双飞" / 1
 第一节 德国的通胀教训 / 1
 第二节 疫情下的物价 / 3
 第三节 俄乌冲突下的"雪上加霜" / 6
 第四节 德国的房价 / 8
 第五节 物价房价飙升原因何在 / 11
 第六节 对通胀更包容了？ / 12

第二章 财政纪律与"债务刹车" / 16
 第一节 联邦德国时期的财政转向 / 16
 第二节 金融危机后的"债务刹车" / 19
 第三节 紧缩政策与欧债危机 / 22
 第四节 "新冠危机"后的财政选择 / 26
 第五节 积极扩大基建投资 / 30

第三章 气候变化与能源转型 / 33
 第一节 传统能源面临压力 / 33
 第二节 可再生能源发展迅猛 / 53

第三节 能源转型经验 / 64
第四节 面临的挑战 / 73

第四章 制造业的优势与挑战 / 89
第一节 发展历程 / 89
第二节 优势领域 / 93
第三节 背后原因 / 98
第四节 面临难题 / 104
第五节 对中国的启示 / 116

第五章 德国与欧元区 / 120
第一节 德国与欧元区的渊源 / 120
第二节 究竟谁是受益者 / 123
第三节 德国与欧元区的财政纪律 / 125
第四节 欧元区对德国经济的期待 / 128
第五节 德国与欧洲中央银行 / 131

第六章 德国与世界经济 / 136
第一节 德国与美国经济关系 / 136
第二节 德国与俄罗斯经济关系 / 148
第三节 德国与"印太"经济关系 / 159
第四节 德国的世界经济研究 / 169

第七章 德国与中国经济关系 / 183
第一节 经贸往来务实发展 / 183
第二节 疫情之下逆势增长 / 185
第三节 多重挑战逐渐显现 / 188

第八章　德国金融与对外战略　/　193

　　第一节　英国：最早的霸权　/　193

　　第二节　美国：最嚣张的霸权　/　199

　　第三节　欧洲：霸权的平衡者　/　207

　　第四节　德国：实体经济的仆人　/　215

后　记　/　230

第一章　物价与房价"比翼双飞"

这次到德国后，德国的物价和房价让我感到震惊，以往德国货币购买力稳定的印象被颠覆。探索价格快速上涨的背后因素，成为我在柏林期间的一个重要兴趣。

第一节　德国的通胀教训

德国人非常重视控制物价，原因之一就是德国近代史上曾出现过非常恶性的通胀，给了德国人惨痛的教训。

一次是一战后，战败后的德国，也就是当时的魏玛共和国，必须支付大量的战争赔款，尤其是在法国的强烈要求下，赔款榨干了德国的收入，仅仅1919—1921年，德国就赔偿了各国50亿金马克。[①] 由于战胜国的压榨，加上还需要支付各种支出，德国政府开启了印钞机，于是很快就爆发了通胀。1923年，德国的1斤土豆

[①] 金马克是德意志帝国在1873年开始发行流通的货币单位，以取代德意志帝国统一前各邦国自己发行的货币。采用金本位制，货币发行量对应黄金储备。一战中，在战争支出与通货膨胀的压力下，纸币的发行不再受到黄金储备的担保，金马克纸币不断贬值。战争结束后，德国不得不进行金融改革，废止了金马克。一战战败后，德国作为战败国必须赔款。但赔偿的货币是金马克金币（而不是纸马克），因而德国绝大多数的金马克金币赔偿给了战胜国。

就需要 450 亿马克，1 个面包就要 2000 亿马克。这场危机来得太快，想要生产大面值的纸币都来不及，德国只能在那些 1000 马克的纸币上盖上印章，代表着这张纸币直接变成了 10 亿，也就是说一张钱币直接升值了 100 万倍。据统计，1919—1923 年德国物价指数飙升 4815 亿倍，经济陷入灾难，这为后来纳粹上台埋下了伏笔，对德国和世界来说都是一场劫难。这一通胀数据我在写论文时曾经用到过，当时编辑还特意打电话与我核实，因为这数字太"离谱"了，但事实就是这样。这个案例我在给学生上课时也经常用到，再配上几个德国小朋友拿成捆的纸币当玩具的照片，生动体现了当时钱如何变得不值钱。

另一次是二战结束后到 1948 年的恶性通胀，当时德国经济遭受战争的严重破坏，原料不足，粮食奇缺，各大工业部门之间发生严重的比例失调。同时，通胀日趋恶化，钞票发行猛增，物价飞涨，帝国马克[①]失去了货币的职能，美国香烟成为流通手段。[②] 1948 年 6 月 20 日，德国不得不进行货币改革，发行新货币，名曰德意志马克，即 DM，原帝国马克等旧币从 1948 年 6 月 21 日不再流通，并规定居民的旧币按 10∶1 的比率兑换 DM，居民在金融机构的存款，也按 10∶1 的比率兑换，但只能将其中的半数列入自由账户自由支取，另一半转入国家账户冻结。货币改革后，德国中央银行（德国联邦银行）一直推行紧缩或偏紧的货币政策，有效地控制了社会总需求，解除了通胀压力。

基于历史上的惨痛教训，德国对通胀的警惕根深蒂固，坚持将物价稳定作为德国中央银行的首要目标，德国马克也因此一直币值坚挺，德国人引以为荣。欧元区成立时，作为德国放弃自己钟爱的

---

① 1924—1948 年德国发行货币的名称。
② 比尔李、向咏怡：《大滞胀——下一步：通缩？通胀？或者滞胀？》，北京邮电大学出版社 2009 年版，第 155 页。

德国马克的条件,其他国家同意将欧洲中央银行优先政策目标设为物价稳定,而且也将地点设在了德国的法兰克福,目的是让德国人放心,欧元流通后仍然会像过去的马克一样有效控制物价。

在使用欧元后,包括德国在内的欧洲国家在经过短时间的物价上涨后,物价水平趋于稳定,从欧元诞生的 20 年时间来看,也就是 1999 年作为货币符号诞生到 2019 年新冠疫情暴发之前,欧元区的通胀率处于平均 2% 的水平,德国的物价也很稳定。

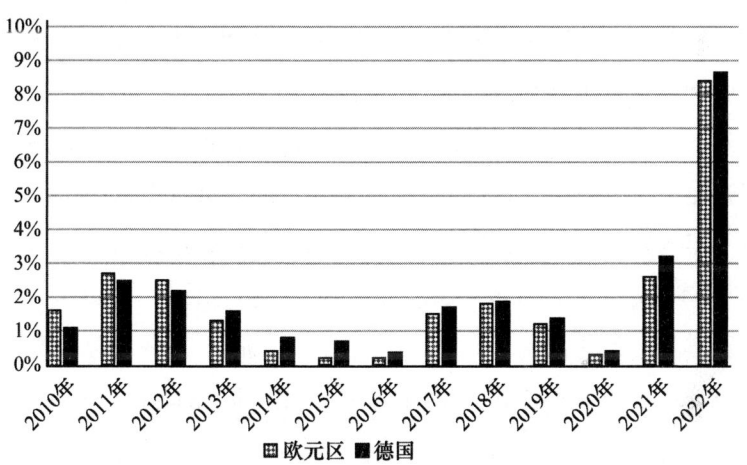

图 1-1　欧元区与德国通胀率(2010—2022 年)

数据来源:欧盟统计局网站。①

第二节　疫情下的物价

虽然此前在德国没有长期工作或学习的经历,但近些年我经常到德国出差,对德国的物价也有一些直观感受,再加上作为所谓的

---

① "HICP - inflation rate", Eurostat, https://ec.europa.eu/eurostat/databrowser/view/tec00118/default/table?lang=en.

「德国经济再认识」

欧洲问题研究学者，对德国的经济和历史有一些基本的了解，对德国的物价水平确实有着稳定的印象，而且德国的物价还比欧洲其他国家低一些。比如到巴黎、伦敦出差，在找酒店时，作为公务人员的预算显得捉襟见肘，但在柏林就相对宽裕，可以住得舒服一些，吃饭、购物也是如此。记得曾在比利时工作的朋友说起，他们周末不时开车到德国买东西。加上之前我们提到的，德国人对通胀的厌恶，让我已经形成一种先入为主的印象，那就是德国不可能有严重的通胀。

但这次来德国，这种印象被颠覆了。我在来之前并未准备多少衣服，想着来了以后在当地买，没想到衣服是有，但价格不一样了。记得2017年来柏林出差时，在奥特莱斯买了一件狼爪的夹克，当时花了30多欧元，而2021年已经涨到了70多欧元。在来了不到一年的时间里，平时买的牛奶也从1.09欧元涨到了1.29欧元，第二年则又涨到了1.79欧元。认识的一位负责食品采购的厨师说，土豆作为德国的主食，价格已经比疫情前翻了一番，身边的其他朋友也都结合自身经历说，以前花20欧元可以在超市买好多东西，现在不行了。

亲身感受和统计数据相互印证。根据德国联邦统计局2022年1月发布的数据，消费者价格指数在2021年12月同比上升5.3%。自1992年6月物价上涨5.8%以来，近30年的通胀率从未如此之高。总体而言，2021年德国通胀率平均为3.1%，为1993年以来最高水平。从图1-2可以看到，在我2021年1月到柏林后的一年时间里，德国的通胀率节节攀升。

分析认为，德国2021年的通胀主要由四个因素驱动：①

第一，疫情下为减轻企业方负担和增加居民购买力，2020年

---

① "Economic Key Facts Germany as of January 2022", https://home.kpmg/de/en/home/insights/2020/10/international-business/economic-key-facts-germany.html.

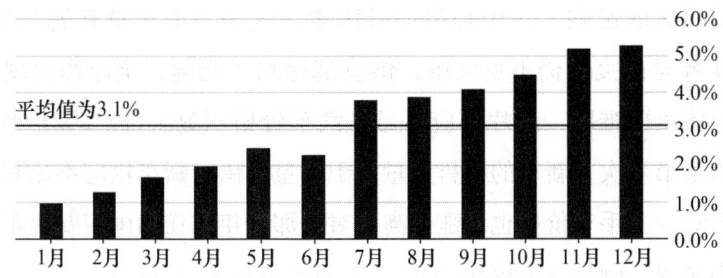

图 1-2　2021 年德国通胀月度数据（同比）

数据来源：德国联邦统计局。①

下半年，也就是 7 月初到年底，德国将增值税税率暂时下调到 16%，6 个月后，也就是于 2021 年 1 月，恢复到之前的 19%。这一变化可以称之为基数效应，在 2021 年下半年的同比通胀水平上体现得尤为明显。

第二，2021 年初开始征收碳税，也就是针对柴油、汽油和天然气的碳排放量，征收每吨二氧化碳 25 欧元的税。因此，取暖成本、矿物油和汽油价格上涨，天然气和电力的价格也有所上涨。总体而言，能源产品价格上涨幅度（22.1%）显著高于整体通胀率。

第三，2021 年 11 月，食品价格同比上涨 4.5%，高于平均水平。因此，能源产品和食品的同比价格上涨对通胀率有显著影响：如果不包括能源产品，2021 年 11 月的通胀率为 3.4%；如果不包括这两个行业，则为 3.3%。

第四，随着世界各地对疫情控制的放松，全球需求和私人消费恢复推高了物价。结果，由于私人家庭消费支出大幅增加，服务价格在年内上涨了 2.9%。

根据本人对德国经济的观察，除了上述因素外，其他因素也有

---

① "Inflation rate in 2021: +3.1% on a year earlier", Statistisches Bundesamt, Jan. 19, 2022, https://www.destatis.de/EN/Press/2022/01/PE22_025_611.html.

比较明显的影响。一个是供应链因素，这是当时全球普遍现象。2021年全球疫情仍不见缓解，供应链遇到了问题，全球都出现了半导体供应难题，芯片供应不足，汽车价格明显上涨。2021年是多年来第一次，新车的销售数量大于产量。由于新车供应不足和价格上涨，二手车价格也水涨船高，对于那一年离任回国需要卖车的同事来说，倒是一个惊喜。

还有一个是货币政策因素。新冠疫情后，欧洲中央银行执行超级宽松的货币政策，货币供应量大幅增加，资金无处可去，国债收益率都是负值，这也推高了物价，尤其是房价。德国房价的上涨也是非常"可观"的。房价虽然不统计在通胀数据里，但对于买房和租房的人来说，生活成本上涨是真真切切的。

第三节　俄乌冲突下的"雪上加霜"

2022年2月突如其来的俄乌冲突，让德国和欧洲的通胀雪上加霜。由于欧洲国家和美国一起对俄罗斯进行经济制裁，这势必影响欧洲的能源供应，能源价格也在上一年的基础上继续上涨。不仅如此，俄乌冲突还影响到德国和欧盟的食品价格。根据德国联邦统计局的数据，2022年2月德国食品价格同比上涨了5.3%，新鲜蔬菜的成本高出11%，乳制品的价格高出6.7%，牛肉价格上涨30%，猪肉价格上涨3.7%。

俄罗斯和乌克兰都是全球重要的粮食出口国，军事冲突导致德国小麦、葵花籽油等价格暴涨，甚至出现供应中断和限量供应。在2022年3月，德国很多超市已经买不到面粉。葵花籽油虽然还能勉强供应，但即便运气好能买到，购买的数量也受到限制。图1-3中的葵花籽油，以前价格不到1欧元，但俄乌冲突爆发后，价格已经涨至1.79欧元，而且我数次去超市都没能买到。最后有一天一大早去超市,看到超市的货架上只有 4 瓶,我拿了其中 2 瓶,但结账时被告知每人只能买 1 瓶。现在回想起来,当时能够买到 1 瓶也是幸运的,因为此后至少 2 个月的时间,主要超市里葵花籽油货架都是空的,偶尔有规模小一点的土耳其人开的超市有供货,但价格却是惊人的 4—5 欧元。德国联邦统计局的数据显示,2022 年 3 月,也就是俄乌冲突爆发后的 1 个月,德国的通胀率同比达到 7.3%,环比也达到 2.5%,① 是自 1990 年以来的最高水平。② 此后德国以及欧洲发生的能源危机可以说是举世皆知了,

图 1-3 葵花籽油价格

---

① "Expected inflation rate for March 2022: +7.3%", Statistisches Bundesamt, Mar. 30, 2022, https://www.destatis.de/EN/Press/2022/03/PE22_137_611.html.

② "Germany inflation hits 30-year high at 7.3%, growth outlook dims", Deutsche Welle, Mar. 30, 2022, https://www.dw.com/en/germany-inflation-hits-30-year-high-at-73-growth-outlook-dims/a-61301850.

2022年德国的通胀率创造了几十年来的新记录——8.7%。

　　高通胀给人们生活带来的感受是很真切的。德国是发达国家，但中低收入阶层的人口数量很多，很多人可能只有1个月1000多欧元的薪水，因此，生活成本包括取暖费的增加，对他们来说是一个不小的负担。随着通胀时间的延长，人们的实际收入持续缩水，越来越难以维系过去的生活水准，罢工游行要求涨工资也就成为越来越普遍的社会现象了。2023年3月24日，在我离任离开柏林去机场的路上，意外发现高速关闭，不得不走小路，并且发生了交通堵塞，事后才知道交通系统出现了大罢工。除了路上交通堵塞，机场人也很多，距离飞机起飞提前5个小时出发的我，在安检、出关后直接上了飞机，1分钟都没有等待，也就是说，提前5个小时出发居然时间一点都不富裕。回国后看新闻，说德国接下来一周还要举行规模更大的罢工，真是为接下来要赶飞机的同事们捏把汗。

第四节　德国的房价

　　以前多次到过柏林，对这里房价的印象是很难涨起来，因为人口密度并不大。但不管是统计数据还是亲身体验都告诉我，过去只属于过去，百年变局下不能再用过去的惯性思维来考虑问题了。图1-4是德国联邦统计局的房价数据，以2015年为基数的话，2021年的德国房价已经上涨53%。

　　图1-5是位于施普雷河不远的一处新建公寓，位置还算比较靠近市中心，距离勃兰登堡门5千米，面积55.57平方米，价格49.5万欧元，折合每平方米8900欧元，折算成人民币接近7万元。这个价格不算便宜了，柏林虽然是首都，但经济在德国并不算发达，居民收入并不高，物价、房价比慕尼黑都要低很多。以前来柏林的印象是，这里人口密度不大，房价上涨空间小，这次常驻有

「第一章 物价与房价"比翼双飞"」

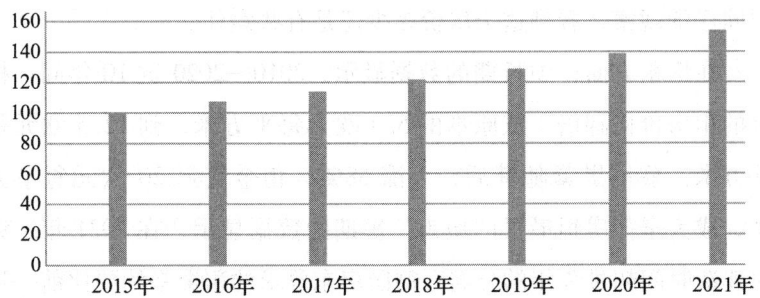

图1-4 德国房价指数走势（2015—2021年）

数据来源：德国联邦统计局。①

注：2015年基数为100。

图1-5 德国某新建公寓价格

---

① "Residential property price indices", Statistisches Bundesamt, https://www.destatis.de/EN/Themes/Economy/Prices/Construction-Prices-And-Real-Property-Prices/Tables/House-price-index-building-land.html.

— 9 —

时间仔细观察，看到这个房价多少还是有些意外。

在房租方面，中长期的数据显示，2010—2020这10年间，柏林的租房价格翻倍，从原本的5.9欧元每平方米，到12.5欧元每平方米；慕尼黑紧随其后，上涨68%，租金直逼20欧元每平方米，成为全德房租最贵的城市。短期的数据显示，在2021年，针对建造时间超过2年的公寓，德国房东要求的租金平均要比前一年高4.1%；如果是新公寓，则全德的平均租金涨幅为7%。而在2020年，这两个数字分别为3.5%和5.8%。[①]

与房价相比，房租的上涨可能影响更大，因为四分之三的柏林人是租房住的。2020年，柏林市曾出台规定，90%的公寓租金不得超过2019年6月的水平，期限为5年。如房东未遵守规定，最高可处以50万欧元的罚款。但2021年4月，德国联邦宪法法院裁定，柏林市政府无权实施"房租封顶"上限。租房者担心，上限令被判无效后，他们会面临房东突然涨租的情况。

2021年5月23日，数千民众涌上德国首都柏林市中心街头，抗议租金上涨和租客面临流离失所的风险。据警方透露，约2500人参加了当天的示威活动。但按照组织者的说法，有1万人参加了游行。民众高举"抵制疯狂房租""住所不是商品""拒绝通过租金盈利"等标语，要求有关当局对大型房地产或房屋租赁公司采取限制措施，以及在联邦层面出台类似"房租封顶"上限的法律，防止房租大幅上涨。

德国经济比较稳定，收入一般是随着年龄和工作经验慢慢增长，比较少有年轻人是高收入的，所以房租上涨对他们压力很大。再说，柏林在政治上是首都，在经济上并不算高收入地区。在柏林的大街小巷还经常能看到无家可归者，据说柏林市有几千个流浪

[①]《德国新闻｜七大城市房租还在涨！去年涨幅最高的是柏林》，网易网，2022年1月21日，https://www.163.com/dy/article/GU7FBTQ40514BIIR.html。

汉，夏天时常能看到他们露宿桥下或者街边。房租的持续上涨，对他们来说，想要有固定的住处就更难了。

第五节 物价房价飙升原因何在

如果不是设身处地，还挺难想象德国物价、房价高涨的局面。到底是什么因素导致了今天德国的物价、房价局面呢？前面我们提到了多个导致 2021 年通胀"步步高升"的因素，有经济复苏的拉动，有能源价格急剧攀升和增值税调整的影响，还有疫情下供应链紧张拉高了成本，但这些似乎还不足以解释房价的上涨，而且是持续地攀升。

有一次去柏林的中国银行办手续，似乎得到了一些启发。在德国，办理金融业务相关的规定比较多，手续也比国内繁琐得多，即便办理业务的人不多，也需要在银行待一段时间，这样倒是有机会和银行的工作人员聊聊金融问题。给我办业务的是中方雇员，来德国生活已经 20 年了，她也觉得现在的德国物价、房价水平太高了，根据她的分析，这很大程度是受到货币政策的影响。也就是说，利率水平太低了，贷款买房比租房更划算，所以买房的人越来越多，房价也就水涨船高。

通胀也和货币政策有关，债务危机以后，欧洲中央银行学会了用量化宽松货币政策，这次新冠疫情后用得非常快。2020 年新冠疫情在欧洲快速蔓延后，当年 3 月 12 日，欧洲中央银行决定当年年底前额外增加 1200 亿欧元资产购买计划。3 月 18 日，也就是 6 天后，欧洲中央银行又宣布增加 7500 亿欧元的资产购买计划。可见欧洲中央银行刺激经济力度之强。问题是增加这么多的货币供应，终究会催升物价和房价。

写到这里，想起了国内一位知名经济学家提出的分析房价走势的框架：短期看货币、中期看土地、长期看人口。德国媒体研究了德国大城市未来人口发展的前景，柏林、慕尼黑和法兰克福将是德国人口增长最快的几个城市，也正是这些城市房价飞涨。柏林人口约366万，预计2035年将发展成400万人口的大城市，其人口增长率将是德国平均人口增长率的13倍。特别是30岁左右的居民增加，将会迎来自1955年以来的又一个生育高峰，我想这可能是柏林房价上涨的基本面因素。货币虽然是短期因素，但如果持续的货币宽松，那么短期因素不就变成长期问题了吗？自从上一轮债务危机以来，欧洲中央银行一直保持超宽松的货币政策，加上新冠疫情后的政策刺激，算起来也有10多年的时间了，不能说是短期政策了。

总之，世界的确是面临百年未有之变局，过去对国外的一些印象，现在似乎都不成立了。需要打破惯性思维，摒弃"成见"，用新的视角和开放的心态来重新观察德国。

2022—2023年，持续使用超宽松的货币政策的负面效果在全球层面已经显现，持续的高通胀让美联储、欧洲中央银行、英格兰银行等西方主要中央银行不得不调整货币政策，开始加息进程。而在加息的过程中，在通胀远远没有降到政策目标的情况下，金融风险却如幽灵般显现，美国的硅谷银行暴雷，瑞士信贷也爆发危机。看起来，人们不得不为过去10多年来持续使用超宽松货币政策付出代价。

第六节 对通胀更包容了？

德国的物价、房价确实涨了，老百姓确实觉得自己的工资缩水了，相关的抗议、游行也不时出现。但总体看，德国人对通胀的抵制方式是温和的，还没有出现大规模的工会要求增加工资的局面。

2021年，欧洲中央银行也正是基于这一原因，认为不必追随美国收紧货币政策。

由此引发的问题是，曾经给德国带来惨痛教训的通胀，现在德国人不那么在乎了吗？这是我到柏林的那一年，也就是2021年一直琢磨的问题。德国人对历史的深刻反思是世界公认的。在二战结束70余年后，难道德国人对历史的态度有所改变吗？这可是一个重大而严肃的话题，涉及欧洲过去以及未来的和平。如果说德国人对二战的态度有所改变的话，可能还不能下这样的结论。德国目前仍然把自身的发展置于欧洲之中，新冠疫情后德国人同意欧盟出台转移支付性质的"复苏基金"，这是一个很好的证明。另外，在德国的大街小巷，仍然保留着多处战争的遗迹，未发现有取缔的声音。在柏林著名的菩提树下大街上，至今还能看到勃兰特总理1970年12月7日在波兰首都华沙向犹太人遇难者纪念碑双膝下跪的画面。即便在俄乌冲突发生后，柏林多处苏军纪念碑和纪念公园也都得到良好的保护。

如果说德国人对历史的态度未变，那又如何解释高通胀的出现呢？能想到的答案是：

第一，也许是因为通胀直接带来的毕竟还是经济损失，虽然不是愉快的记忆，但还是无法与死亡数百万德国人的二战相比。

第二，一战后的那次通胀也许过去太久了。二战过去70多年，现在还有亲身经历过那段历史的老人在世。但1923年的通胀过去已有百年，现在几乎没有亲历者，时间越久，记忆和教训也许就会越模糊。

第三，通胀水平尚可接受。从前面的数据可以看出，通胀压力比较明显的时间段是2021年下半年，持续的时间还不是很长，幅度上看，5.3%的通胀率虽然达到了近30年来的新高，但和美国的7%相比，还算是温和的，与1919—1923年的天文数字相比，更是小巫见大巫，尚不具备可比性，所以尚未触痛德国人的历史神经。

第四，德国人应对通胀的手段发生了变化。在欧洲，工会要求涨工资似乎在南欧国家更流行。德国人应对通胀的传统办法是货币政策，通过控制货币供应量和利率，进而控制物价水平。为了能够有效掌握自己的货币政策，德国政府甚至不愿意支持德国马克国际化，怕这样会导致资金大进大出，稀释本国货币政策的效果。德国人的意志是坚定的，手段是有效的。但问题是，在德国人放弃德国马克使用欧元后，德国已经没有专属于自己的货币政策了。虽然欧洲中央银行在设计时基本沿用了德国中央银行的模式，但随着时间的演进，形势在发生变化，德国人、德国模式对欧洲中央银行的影响似乎在下降。德国与欧洲中央银行的关系我们会在后面的章节再专门讨论，这里想说的是，未必是德国人对通胀更容忍了，而是应对通胀的手段变少了。

第五，现在对德国人对通胀的态度下结论可能为时尚早。2021年的高通胀是在疫情下出现的，虽然经济得到了复苏，但势头低于预期，而且经济规模也还没有达到危机前的水平，就业市场还有很多不确定性。[①] 因而，对于很多德国人来说，保住就业机会比要求增加工资更为实际。2022年初公布的数据显示，2021年第三季度，欧元区工资同比增长1.3%，是疫情以来的最低水平。[②] 虽然德国人整体上并未提出强烈的涨工资要求，但这并不代表未来不会。如果随着经济复苏势头的稳定和通胀的继续攀升，德国以及欧元区2021—2022年的实际通胀也确实超过了之前欧洲中央银行的预期，工会大规模要求涨工资并非不可能。如果真的出现明显的工资上涨压力，那意味着通胀问题可能陷入"恶性循环"，到时政策决策层

[①] Guntram B. Wolff, "Inflation!? Germany, the euro area and the European Central Bank", Bruegel, Jun. 9, 2021, https://www.bruegel.org/2021/06/inflation-germany-the-euro-area-and-the-european-central-bank/.

[②] "Brussels curbs growth forecasts as inflation hits EU economy", Financial Times, Feb. 10, 2022, https://www.ft.com/content/55bebb18-d458-4b75-b106-840b5c12a7a5.

的考虑也会有所转变。

随着时间的流转，也就是2022年俄乌冲突后通胀进一步飙升，之前的一些疑惑或者说是担忧，得到了验证。德国人对通胀的容忍还是有限度的，随着通胀的时间越来越长，要求涨工资的声音也就越来越强烈，通胀也成为德国和欧洲经济决策层面临的重要难题。当然，2022年的通胀还需要考虑俄乌冲突这一政治因素，但不论危机的原因为何，能源价格上涨和通胀是德国和欧洲不得不为此付出的代价，也需要经济决策层想办法解决。

第二章 财政纪律与"债务刹车"

提起德国的财政政策，多数人的第一反应是德国人在这方面非常严格，甚至可以说是苛刻，尤其是欧洲债务危机期间的紧缩政策让人记忆犹新。的确，从最近一些年的情况看，它是主要经济体中唯一能保持连年财政盈余的，有效降低了国家的债务负担和风险，在债务普遍膨胀的年代的确是难得的经济奇迹。当然，偏紧的财政政策也引起了一定的争议，债务危机期间的紧缩政策并不受南欧国家的欢迎，也一度是全球经济界讨论的焦点。严格是当前德国财政政策的突出特点，但从历史的角度看，德国对财政政策的态度并非一向如此，而是经历了一个演变过程，疫情之下也更加重视弹性。

第一节 联邦德国时期的财政转向

我们回顾一下德国的财政政策历史。二战后，由于战争带来的创伤，各国经济百废待兴，西方国家普遍信奉凯恩斯主义经济政策，重视对经济的刺激力度。但联邦德国在这方面有所不同，德国人体现了自己的严谨，并没有贸然追随凯恩斯主义的主张，而是在国内广泛辩论的基础上，最后采用了德国经济学家瓦尔特·欧肯主张的秩序自由主义理念，也就是建立社会市场经济体制，推进财政平衡政策，并取得良好效果。

1951—1965 年，联邦德国 GDP 平均增长率达到 6.6%，经济发展呈现出增长率高、价格稳定、失业稳步减少的特点，德国制造开始享誉全球，人们称这一时期的德国为"经济奇迹"。在这一时期，德国财政基本保持平衡，其中三分之二年度财政轻度赤字，赤字占 GDP 比例平均不到 1%，另外三分之一年度则保有盈余。

1966—1967 年，联邦德国发生了二战后第一次经济危机，时值第一届联合政府上台，社会民主党首次参政，新政府放弃了传统的财政平衡政策，转向凯恩斯主义，增加财政政策的扩张力度。1967 年 7 月 14 日，德国政府颁布《稳定与增长促进法》，首次提出"魔力四边形"理论，要在市场经济秩序的范围内实现四个宏观经济目标，即物价稳定，持续、适度的增长，充分就业和对外经济平衡，主要手段是实施宏观调控、刺激需求、执行国家干预的财政政策，扩大公共支出，增加社会福利。①

20 世纪 60 年代积极的财政政策的确取得了立竿见影的效果，实现了经济增长，但德国进入 20 世纪 70 年代后，随着社会福利开支的增加，以及国家机构人事费用膨胀，财政刺激计划呈现固化趋势，每年都出现比较大幅的赤字。各级政府试图通过信贷和发行政府债券来弥补这些赤字，结果导致政府债务规模在整个 20 世纪 70 年代几乎每年保持 10% 以上的年度增长速度（除 1973 年为 9.3%）。1981 年底，政府债务总额超过 2441 亿马克，相当于 1982 年一年的财政支出。②

当时，大幅财政赤字持续了多年，巨额的债务利息给德国政府带来沉重负担。1983 年德国政府预算中，国债利息支付达 310 亿马克，占预算总额的 12.3%，成为仅次于社会和国防的第三大支

---

① 殷桐生：《德国经济通论》，社会科学文献出版社 2017 年版，第 323 页。
② 任泽平：《德国供给侧改革是怎么干成的?》，新浪网，2018 年 10 月 18 日，http: //finance.sina.com.cn/zl/2018－10－18/zl－ifxeuwws5501563.shtml。

出项目。政府新增债务在德国全国新形成的货币资本总额中的占比，从1969年的10.3%上升到1981年的37.6%。德国政府大幅举债推升了无风险利率，挤出了企业和家庭的筹资需求。财政困难使得政府内外为寻找出路和推卸责任而争吵不休，破坏了当时的经济发展氛围。①

1982年科尔政府上台后放弃了社会民主党的扩张性财政政策，制定了整顿财政方针，要求各级政府每年的财政支出年增长率不超过3%，以降低赤字率（政府赤字占GDP的比例）和国家率（国家支出占GDP的比例）。比如在社会福利方面，通过延迟养老金调整时间、降低失业者养老金缴纳基数、提高医疗费用自付比例等途径减少了社会福利支出。1983—1989年，政府赤字减少，债务增速下降，赤字率和国家率逐渐降低。②

进入20世纪90年代后，也就是在德国重新统一之后，德国经济再次陷入不景气，1998—2005年，德国平均每年经济增长只有1.2%，失业率从9.2%上升到11.1%，1993年还出现了负增长，德国在经济上甚至被称为"欧洲病夫"，③ 民众对偏紧的财政政策表现出不满，科尔政府的财政政策又转向扩张。1996年财政赤字占GDP比例达到3.4%，首次超过了1992年签署的《稳定与增长公约》规定的3%的上限。1998年施罗德上台后，采取了紧缩财政政策，削减社会福利，控制工资水平，1999年和2000年财政赤字水平降到1.5%和1.4%。但作为社会民主党领导的政府，施罗德

---

① 任泽平：《德国供给侧改革是怎么干成的?》，新浪网，2018年10月18日，http://finance.sina.com.cn/zl/2018-10-18/zl-ifxeuwws5501563.shtml。
② 任泽平：《德国供给侧改革是怎么干成的?》，新浪网，2018年10月18日，http://finance.sina.com.cn/zl/2018-10-18/zl-ifxeuwws5501563.shtml。
③ "From Sick Man of Europe to Economic Superstar: Germany's Resurgent Economy", ZEW Research Seminars, https://www.zew.de/veranstaltungen-und-weiterbildung/detail/from-sick-man-of-europe-to-economic-superstar-germanys-resurgent-economy/1233? cHash=cf1fcda90698ed9db0cbaa863542708b.

政府在削减福利的同时，也强调国家的职能，加大举债力度，2003年和2004年德国财政赤字比例达到了4%和3.8%，国家债务占GDP比例达到63.8%和65.6%，均超过《稳定与增长公约》3%和60%的上限。① 德国作为欧盟第一大经济体违反条约，而且拒绝接受惩罚，这为后来其他国家陆续违约和爆发欧洲债务危机埋下了隐患。

第二节　金融危机后的"债务刹车"

2005年默克尔上台后，注重开源节流，2006年决定从下一年起将增值税税率由16%调高至19%，把高收入者的所得税税率从42%提高至45%，这大大遏制了财政赤字的扩张，2006年财政赤字比例迅速降低至1.6%，2007年还实现了财政盈余。值得一提的是，默克尔同施罗德一样，支持扩大举债，并且违反德国宪法规定，让其超过投资额度。②

从默克尔上任后一段时间的政策取向可以看出，其基本上延续了施罗德的政策思路，其领导的联盟党能够在2005年的联邦议会选举中击败施罗德的社会民主党，并非是在政策主张上有明显的高明之处，而是施罗德执政时期进行的改革引发了阵痛，最终导致了选民的"报复"。因为改革总会触及一些既得利益，虽然长期看对国家的总体发展有利。对于福利体制等结构性改革问题，很多欧洲国家的执政者都认识得很清楚，但都畏惧"谁改革、谁下台"的政治后果，因而在改革问题上裹足不前。

从这个角度看，施罗德是令人颇为敬佩的政治家，把国家命运

---

① 殷桐生：《德国经济通论》，社会科学文献出版社2017年版，第323页。
② 殷桐生：《德国经济通论》，社会科学文献出版社2017年版，第324页。

放在个人政治前途的前面。但历史很残酷，改革者施罗德被选民抛弃，而打败施罗德的默克尔则在上台后享受着施罗德改革的红利。很大程度上，正是施罗德的改革，为此后默克尔长达16年的执政奠定了制度基础。默克尔在任时间虽然长，支持率也一直比较高，在维系国家稳定和处理危机方面颇有建树，但却没有拿出施罗德那样富于远见的改革举措。关于默克尔执政时期的成败得失，我们在其他部分再专门讨论，这一部分聚焦德国的财政政策演变。

默克尔执政后不久，也就是在2008年，美国爆发了震惊世界的金融危机，出现了全球性的流动性紧缩和经济衰退，当然德国也无可避免。在危机下，默克尔政府一改紧缩财政政策，转而扩大政府支出，加大了债券发行力度，以对金融和实体经济部门提供资金支持，刺激国内消费需求。

在扩张性财政政策下，2009年德国公共债务达到1.69万亿欧元，2010年首次突破了2万亿欧元，而当时德国的GDP还不到2.5万亿欧元。面对不断增长的庞大债务，当时的德国政府变得忧心忡忡。按照总理默克尔的说法，经济增长和财政整顿必须同时进行。

2009年7月，"债务刹车"被正式写进德国宪法第115条。核心内容是：2016年以后，德国结构性赤字，也就是不考虑经济周期引起的赤字，不能超过其名义GDP的0.35%；各联邦州自2020年开始，不能新增任何债务。这一规定不仅强调减少债务量，还旨在从其根源出发，减少甚至消灭赤字。

"债务刹车"2011年开始执行后，效果十分明显。执行前的2010年德国财政赤字占GDP的比例高达4.1%，执行后的2011年就降为1.0%，2012年和2013年进一步降至0.1%，2014年和2015年甚至出现了0.3%和0.5%的盈余。[①]

[①] 殷桐生：《德国经济通论》，社会科学文献出版社2017年版，第338页。

令人担心的是财政比较薄弱的各州，如不来梅、萨尔、柏林、萨安、石荷州等，如何实现预算平衡。对此，德国早就确立了一种横向均等化制度，即基于整体主义、国家利益的团结原则，由财力强州直接向弱州转移支付一定的收入。再加上联邦政府的转移支付，各州财力基本达到全国各州的平均水平，实现了各州财力均衡。这样一来，弱州预算平衡、消除新债的问题就得到了解决。这赋予了德国政府债务运行和管理的鲜明特色，也是德国社会市场经济强调秩序自由主义的重要体现。①

总体看，"债务刹车"颁布后近10年，虽然欧洲爆发了债务危机，但德国经济总体保持稳定，财政状况良好，始终明显好于欧盟和欧元区总体水平。

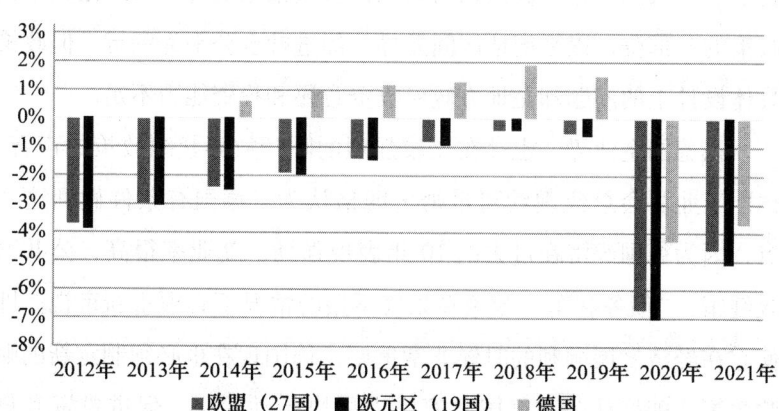

图2-1 德国、欧盟与欧元区财政赤字占GDP比例（2012—2021年）
数据来源：欧盟统计局。②

---

① 张宪昌：《德国"债务刹车"的运行设计》，《决策探索》2014年第7期，第84—85页。
② "Government deficit/surplus, debt and associated data", Eurostat, Apr. 21, 2023, https：//ec.europa.eu/eurostat/databrowser/view/gov_10dd_edpt1/default/table?lang=en.

第三节　紧缩政策与欧债危机

在"债务刹车"下，德国采取的从紧的财政政策引起了不少争议。一个有代表性的观点认为，如果是在财政压力过大的情况下，适当压缩在公共服务上的投入情有可原，但在财政持续盈余的时代，仍一味强调紧缩就落入了经济自由主义的陷阱，丢失了德国模式的宝贵内核——通过国家的积极行为维护和促进社会公平。"债务刹车"原本旨在整固财政，避免过度负债，进而加重后代负担，以实现代际公平，但却因此抑制了投资和中长期积累，反而损害了后代人的利益。德国在财政和税收政策上的统筹管理是其结构政策的一部分，以平衡地区间差异、促进社会公平为宗旨，但政策具体设计上的问题却是地方政府投资意愿和投资能力不足。

在德国企业界，也存在比较强烈的呼吁放弃紧缩政策的声音。德国工业协会总经理约阿希姆·朗格认为，德国有条件做到这一点，因为德国经济在过去的10年表现强劲，就业率很高，公共财政健康，"债务刹车"政策在景气不振的情况下必须重新审视。即使它在经济发展顺利的时候非常重要，德国现在也必须制定新的财政政策。朗格认为，德国政府应当尽快行动起来，促进投资和创新，尤其是将现有的财政盈余更多地用于投资，大联合政府在再分配上花了太多精力，而在确保未来发展的工作上花的精力又太少。[①]

前面我们提到，德国开始执行"债务刹车"的时间是2011年，而这刚好是欧洲债务危机严重的时期。在这一危机中，德国财

[①] 《德国经济现衰退隐忧，收支平衡财政政策惹争议》，第一财经网，2019年8月26日，https://www.yicai.com/news/100308326.html。

政纪律要求的影响远远超过本国，而是体现在欧洲层面。因为债务危机下，很多重债国需要欧元区的救助，德国作为欧洲第一大经济体和最重要的出资方，在危机中要求其他国家，尤其是迫切需要整顿财政的债务国家，也执行从紧的财政政策，大规模削减公共支出，降低财政赤字，这一主张被广泛地称为紧缩政策。因为很多陷入债务危机的国家经济上已经很困难，按道理讲应该采取积极的财政政策刺激经济，但在德国的要求下不得不紧缩财政，因而经济压力非常大，德国的紧缩财政的主张也引起了很多争议，出现了广受关注的"紧缩还是增长"的争论，双方各执一词。

反对紧缩的观点认为，欧洲债务危机爆发以来，欧洲国家开始执行严格的财政紧缩政策，结果欧洲非但没有走出债务危机，经济增长还受到明显的抑制，失业率持续攀升，民众抗议浪潮不断。在这样的情形下，债务国希望放松紧缩力度，以缓解国内的政治经济压力，其要求也在情理之中。如果紧缩压力过大导致债务国局势失控，如支持改革的主流政党失去选民支持、极端势力上台，其结果不但不利于解决债务问题，反而可能导致部分国家脱离欧元区，形成更大的经济灾难。

支持紧缩的观点同样有自己的依据。欧元区虽然是经济与货币联盟，但各成员国毕竟是不同的主权国家，要求部分成员国持续地给其他国家提供援助，在政治上很难行得通。尤其是在债务国改革不到位的情况下，继续提供援助意味着要去填这些国家的"无底洞"。即便德国、荷兰、芬兰等救援国家政府出于挽救欧元的目的愿意这样做，也很难得到国内的政治支持。不管是从国家间的角度还是从援助国国内政治的角度考虑，在债务国没有执行紧缩政策的情况下，援助是不可持续的，也就是说紧缩是必须的，是迟早要做的，在债务危机的压力下做得还要快一些，要不然危机过去了，回过头来再执行财政紧缩政策可能遥遥无期了。

"紧缩与增长"谁更有道理，分析起来十分复杂，不是简单的选择题。严格来讲，这一命题都不成立，是个伪命题。紧缩是指政策取向，与宽松相对应；增长是政策实施的结果，其对应的是停滞或衰退。将紧缩与增长作为对立面，从逻辑上讲不通。在德国总理默克尔看来，紧缩就是为了实现可持续的增长。而讨论这样一个伪命题，不可能给欧洲解决债务危机带来明确答案。实际上，无论紧缩与否，欧洲都面临着风险：持续执行严格的紧缩政策，南欧国家经济可能继续衰退，财政收入锐减，还债则更无从谈起；若放松紧缩力度，债务国可能出现道德风险，在压力减小的情况下放慢改革步伐，导致救援国失去援助耐心，其后果更加严重。

债务危机爆发后，欧洲陷入了左右为难的紧缩困局。之所以如此，关键在于财政政策并非解决债务问题的钥匙。当前欧洲的财政与债务问题，是重重深层矛盾的表现。要走出危机，必须从根本问题入手，并取得实质性进展：南欧国家须提升自身竞争力，缩小与核心国家的经济差距，扭转长期区内贸易逆差；应有效弥补欧元区"单一货币、不同财政"的机制缺陷，监管权必须更大程度地集中；欧洲一体化必须找到新的动力，政府需要说服选民更大程度地向欧洲层面让渡国家主权。而在这些问题上，欧洲的进展可谓十分缓慢：南欧国家福利体制改革仍不到位，再工业化更是遥遥无期；欧元区虽然推出财政契约，但与真正意义上的财政联盟相距甚远；时任欧盟委员会主席巴罗佐虽然呼吁欧盟走向国家联邦，但应者寥寥。

随着危机时间的延长和问题的持续积累，一些国家的体制机制确实到了不改不行的地步。一些政治家也拿出了魄力和决心，宁愿冒下台风险也要推行改革。但新的问题是，即便如此，即便政治家将国家发展前景置于个人政治前途之前，也难以推动改革。因为，他们受到了制度的约束，这一点集中体现在意大利身上。2016年12月4日，意大利举行了宪法改革公投，核心内容是削减议会上院人数、简化立法程序。之前政府推行的很多改革方案，都只能在议会打转，总理伦齐下决心改革宪法，为政府推行改革铺路，并拿出了壮士断腕的决心，表示将改革前景与自己的政治前途联系在一起。但遗憾的是，公投并没能获得通过，反对票大幅超过赞成票，伦齐引咎辞职，宪法修正和结构性改革也只能搁置。

从"紧缩与增长"的争论中可以看出，德国对于欧洲经济的影响力是巨大的。可能由于历史原因，德国在政治上无意彰显自己，但经济上的影响力已经无可避免地渗透到了整个欧洲，包括德国的经济理念、经济政策。世界是多样的，经济政策也存在多种选择，但在欧洲，要获得德国经济上的支持，就必须要受到德国的影响。即便德国无意主动把自己的经济理念强加给别国，这种事实上的影响力也是一种客观存在。

另外，我们还可以看到施罗德改革的伟大之处。紧缩与福利改革是对一个事物从不同视角的阐述，不削减福利，如何控制财政支出呢？这些年来，德国的财政赤字控制相对容易，而其他欧洲国家很难做到这一点，很大程度是因为改革进展缓慢。从这个角度看，财政政策不仅是一个经济问题，更是一个政治问题，即执政者愿不愿意为了长远的经济发展做出短期内可能得罪选民的决定。

德国之所以要做好财政平衡，背后的理念就是要实现代际间的公平。也就是说，这一代人为了经济增长、享受更好的生活而大举借债，这些钱却需要下一代人来偿还，对下一代人来说是不公平的，所以要控制这一代人的借债和消费欲望。这看起来很有道理，但对决策者来说似乎有些不公平。因为本届政府做出了改革的决定，并且因此得罪选民而下台，而改革的好处却由下任政府来享受，这样的改革的确需要勇气。

不论如何，随着债务危机的过去，各国经济和财政状况的逐步改善，"紧缩与增长"的讨论也已经烟消云散，德国也摆脱了舆论上的压力。但另一个更为迅猛的危机却不期而至，那就是"新冠危机"，让德国以及欧洲经济再一次承受考验。

第四节 "新冠危机"后的财政选择

在 2020 年初新冠疫情暴发后，德国由于不得不采取限制措施，经济受到重创。3 月 23 日，德国财政部提出一揽子经济纾困计划，包括追加总额为 1560 亿欧元的补充预算，拨付 1000 亿欧元用于设立可直接参股企业的经济稳定基金，投入 1000 亿欧元用作德国国有复兴信贷银行扶助企业的特殊贷款。根据计划，经济稳定基金可提供 4000 亿欧元贷款担保，可为债务违约企业担保。因此，一揽子计划总额可能超过 7500 亿欧元。德国联邦议院，也就是议会下院于 2020 年 3 月 25 日召集会议，投票表决通过力度空前的经济纾困计划，并同意暂停德国宪法中的"债务刹车"条款。①

由于疫情严峻程度和造成的损失超过预期，德国政府于 2020 年 6 月 3 日再次出台提振经济的措施，表示将投入 1300 亿欧元，重启受新冠疫情重创的德国经济。这些措施包括：暂时将增值税税率从 19% 降至 16%，一次性给予每名儿童 300 欧元的家庭补贴，并将政府支持的购买电动汽车的补贴力度翻一倍等。②

由于大力度地刺激经济，财政赤字不可避免。德国联邦统计局 2021 年 4 月 7 日发布的数据显示，2020 年德国公共部门赤字达到 1892 亿欧元，是这一长期奉行谨慎财政政策的国家 7 年来首次出现赤字，创德国统一 30 年来最高赤字纪录。据统计局通报，德国 2019 年仍有 452 亿欧元的财政盈余，但为了缓解新冠疫情以及防疫封锁措施带来的损失，德国 2020 年公共支出增加 12.1% 至大约

---

① 《德国经济纾困 暂停"债务刹车"》，中证网，2020 年 3 月 27 日，https://www.cs.com.cn/hw/03/202003/t20200327_6039506.html。

② 《德国总理默克尔公布一揽子经济刺激计划》，新华丝路网，2020 年 6 月 11 日，https://www.imsilkroad.com/news/p/415585.html。

1.68万亿欧元，税收同期减少3.5%至将近1.49万亿欧元。① 统计学家表示，支出增加的主要原因是疫情导致的拨款和赠款，这包括对小企业和个体经营者的援助以及对卫生基金的拨款。② 统计数据显示，2019年德国政府债务占GDP的比例为58.9%，2020年大幅增加至68.7%，一年增加约10个百分点。③

随着财政赤字和债务规模的扩大，以及经济的逐步恢复，是否以及何时恢复"债务刹车"，又成为德国经济界关注的话题。2021年初，有德国研究机构表示担忧，认为鉴于德国的经济体量占欧盟的30%，而且德国的财政政策会给整个欧洲定调，如果德国过早地回归财政平衡，那么对疫情下并不稳固的欧洲经济来说，则意味着风险。而且，由于美国还在执行积极的财政政策，如果欧洲提前收紧财政政策，那么美欧之间的经济政策就会失调，增加美欧之间的矛盾，不利于重建大西洋关系，因为鉴于美欧之间的经济联系，美国人会认为欧洲在"搭便车"。在拜登上任后，与特朗普时期相比，不再动辄使用关税调节贸易失衡，因而对欧洲的"搭便车"行为会更加重视。因为不管是德国还是整个欧元区，对美国都是贸易顺差，德国和欧洲的财政政策收紧，会加剧这种顺差，或者说是失衡。④

在学界讨论的基础上，德国政府对于恢复"债务刹车"也十分谨慎。2021年6月，时任德国经济部部长阿尔特迈尔表示，气

---

① 《疫情"伤"重 德国赤字创统一以来最高》，新华网，2021年4月8日，http://www.xinhuanet.com/world/2021-04/08/c_1211101420.htm。

② 《德国公共财政赤字创两德统一以来新高》，第一财经网，2021年4月7日，https://www.yicai.com/news/101013245.html。

③ "Germany recorded a Government Debt to GDP of 66.30 percent of the country's Gross Domestic Product in 2022", Trading Economics, https://tradingeconomics.com/germany/government-debt-to-gdp.

④ "Germany's Debt Brake and Europe's Fiscal Stance after Covid-19", German Council on Foreign Relations, No.1, Feb. 2021, https://dgap.org/en/research/publications/germanys-debt-brake-and-europes-fiscal-stance-after-covid-19.

候保护法大幅收紧环境目标，导致 2023 年财政计划超标，"债务刹车"在 2024 年前很难恢复。当时的绿党总理候选人贝尔伯克认为，不可能在 2023 年重返"债务刹车"。[①]

从上面看出，学界和政界对于恢复"债务刹车"都持有相对谨慎的态度，那么德国民众对此是什么态度呢？2021 年 9 月的大选情况可以在一定程度上反映出德国普通老百姓对财政政策的看法。这次选举中，自由民主党得票率为 11.5%，高于 2017 年大选时的 10.7%，而该党 2013 年大选时因为得票率低于 5% 而未能进入议会。大选后，自由民主党也成功成为执政党之一，党主席林德纳还获得了财政部部长的重要职位。与联盟党、社会民主党这样的大党相比，自由民主党属于单一议题政党，专注于经济问题，财政上主张平衡预算，减少赤字，反对增税。由于自由民主党聚焦财政问题，而且立场鲜明，在大选后组阁谈判期间，德国舆论几乎一边倒地认为林德纳是财政部部长的不二人选，事实也证明了这一点。

自由民主党的财政主张在年轻人中间还是非常有吸引力的，就像关注气候问题一样，年轻人反对财政赤字，因为这意味着将来还债的责任会落到他们这一代人身上。年轻人非常关注未来，以及代际之间的公平。因而这次选举中，平衡财政在民众中有比较高的支持率，尤其是在年轻人中间。这似乎意味着，"债务刹车"不是是否恢复的问题，而是何时恢复和如何恢复的问题。

2022 年 2 月底，也就是在乌克兰与俄罗斯的军事冲突发生后，财政部部长林德纳透露，德国计划从 2023 年开始重新恢复"债务刹车"制度，即遵守宪法规定的国家负债的最高限额。林德纳表示，节省支出是必然会发生的，跟财政部额外拨款到军备提升中并

[①]《经济部长估计德国可能在 2024 年恢复债务刹车》，"走出去"导航网，2021 年 6 月 2 日，https://www.investgo.cn/article/gb/fxbg/202106/546468.html。

无关联。此前，德国政府宣布将从2022年的财政预算中，拨款1000亿欧元用于设立一次性的国防特别基金，以支持投资和军备项目。林德纳表示，希望联邦国防军能够凭借1000亿欧元预算投资的支持，在未来几年内发展成为欧洲最强大的部队之一，"我们的目标，以及我的目标是，德国在接下来的10年里拥有一支行动力和战斗力都超强、军备极其完善的军队——这符合德国在欧洲的重要地位和责任"。① 可见，在发展德国军力方面，德国的财政政策出现了巨大转变。总理朔尔茨在议会发表关于增加国防预算的演讲时，还特意对财政部部长林德纳表示了感谢。

　　本书写作的出发点是德国经济的变化，但在写作的过程中，我感受到的不仅仅是经济在发生变化，在二战结束70多年后，德国的方方面面都在发生突破性变化，战后长时间保持的立场和原则也发生了改变，甚至包括军事方面。在俄乌冲突爆发后，德国在数天内就做出了大规模增加军事投入发展军力的决定，这在之前是难以想象的。乌克兰的战火吸引了全世界的目光，而德国发展军力对欧洲、对世界意味着什么，外界似乎顾不上讨论。

　　我们再回到财政问题上来，在财政问题上的立场，充分体现了德国人严谨、认真，甚至是古板的特点。德国人要执行"债务刹车"，那么借债就一定是坏事吗？如果不是借债，世界上有几个国家会有充足的资金去修建铁路、高速公路这样的基础设施呢？理论上讲，只要政府借来资金的投资收益大于成本，那么这样的借债就是聪明的，这和企业融资经营是一样的道理。德国法律似乎把所有的借债都当成是坏事，但经济上的确值得讨论。2023年，伴随着新冠疫情对经济的影响逐步减弱，德国也确实恢复了"债务刹车"，财政部部长林德纳表示将会坚守这一机制，否则持续扩张的

---

① 《德国财政部长：联邦国防军应发展成为"欧洲最强大的部队之一"》，东方网，2022年2月28日，https://j.eastday.com/p/1646048273045842。

财政政策将会让经济失去韧性。①

第五节　积极扩大基建投资

　　这些年来，在德国一直有这样的声音，那就是基础设施建设不足。有代表性的观点认为，尽管发生了新冠疫情，但德国几乎和以往一样富有。政府财政总体健康，债务水平相对较低，但低公共设施投资率使该国对未来准备不足。②

　　德国《世界报》曾这样报道：难以想象，德国如此富裕，基础设施却如此陈旧。在德国第四大城市科隆，进城主桥因年久失修，竟然无法承受3.5吨以上的货车。数百辆重型货车不得不绕道进城，导致辅路拥堵。据德国城市事务研究所估算，德国15%的市政道路桥梁需要彻底重建。德国铁路公司表示，陈旧的铁轨网络造成2015年长途列车延误率高达25%。2016年12月，时任德国经济部部长加布里尔领导的专家委员会发布德国经济调查报告，认为德国在内部投资，尤其是基础设施投资方面严重不足。德国部分地区没有享受到经济发展成果，从联邦政府得到的拨款长期不足。

　　从国际比较看，世界经济论坛发布的《2017—2018年全球竞争力》报告认为，作为欧盟第一大经济体，德国基础设施的竞争力已经连续多年下滑，其交通设施在全球综合排名第十，其中公路质量排名第十五，机场排名第十六，港口、通信、电力供应、移动电话普及率等的排名也都不尽如人意。与国力不相符合的基础设施

---

　　① "German finance minister: government is sticking with debt brake", Reuters, Mar. 7, 2023, https://www.reuters.com/markets/europe/german-finance-minister-government-is-sticking-with-debt-brake-2023-03-07/.

　　② "The Merkel era in charts: what changed in Germany?", Financial Times, Sep. 20, 2021, https://www.ft.com/content/259523b5-a24e-426e-8167-a421cec8ceed.

水平，已经严重影响了德国的经济社会发展和国际形象。德国科隆经济研究所发布报告称，有68%的受访公司表示，其业务活动经常受基础设施缺陷影响。据经济合作与发展组织统计，其成员国每年用于基础设施建设的投资平均占到国民生产总值的3.3%，而德国仅占2%。根据德国复兴信贷银行2017年发布的数据显示，德国基础设施投资缺口高达1260亿欧元。[①]

从本人在德国期间所见来看，德国在基础设施建设方面正在加大力度，媒体、学界的讨论正在转化为实际行动。走在柏林街头，到处可见大兴土木，修路、盖楼比比皆是。在柏林开车，如果导航地图不及时更新的话，很有可能会被导向因施工被封路的死胡同，本人就有过多次这样的经历。由于疫情的关系，本人很少开车跑高速，但身边有同事开车去外地出差，就询问对方在德国开高速不限速的感觉如何。结果告诉我，虽然城际高速不限速，但有很多地段在修路，在修路的情况下需要改变车道，因而还是需要限速的，其实能够不限速跑的路段并不多。改善基础设施已经是德国各地的普遍动向。

发达国家给人的印象一般是几十年都不变化，但现在的柏林似乎不是这样，至少已经开始变化。当然，德国人施工注重质量和程序，周期一般较长。但就我所住的小区周边来看，1年的时间至少有3条路段重新修过，照这个速度的话，柏林的变化要比想象中快一些。散步时看着一处处的工地，不禁有些感慨，通过基础设施建设拉动经济，德国人也很喜欢。

从德国的国情看，也有理由这么做。一方面，德国的基础设施确实比较旧了。办公室对面的施普雷河的桥上，每日穿梭的轻轨线，已经是100多年前的了。看着比较破旧，但想一想，德国100

[①] 《德国基础设施投资存在巨大缺口》，人民网，2018年8月6日，http：//world.people.com.cn/n1/2018/0806/c1002-30210008.html。

「德国经济再认识」

图 2-2　城市施工

多年前就已经有轻轨了，曾经还是很辉煌的。另一方面，德国的财政状况允许。在 21 世纪世界各国广泛举债的时代，德国的连年财政盈余确实是个奇特的现象。政府存着这么多钱不花，不是很浪费吗？改善基础设施是投资而不是消费，对经济增长有带动效应，又可以便利居民生活，何乐而不为呢？想一想，好多国家还举债搞基础设施建设呢，而德国的财政又富裕，这是多好的便利条件呢，其实早就可以搞，德国人还是保守了。

第三章　气候变化与能源转型

气候变化和能源转型是德国两个极为重要而又紧密相关的议题。从能源角度看，德国作为发达的工业经济体，对能源有着强大的需求，但德国自身的资源并不富裕，煤矿虽然多但是开采成本高，石油、天然气几乎全部依赖进口，对外部能源市场的依赖让德国在国际能源危机中暴露出经济的脆弱性，能源转型有着强烈的紧迫感。当然，不同历史时期有着不同的转型方向。从近些年的情况看，由于气候变化问题的影响，德国能源转型的方向是明确而坚定的，就是逐步放弃化石能源和核能，大力发展可再生能源。这符合全球碳中和的发展趋势，同时，德国也取得了全球领先优势。但德国的步子迈得快，目标能否顺利实现还面临着很多疑问。

第一节　传统能源面临压力

气候和能源是两个不可分割的议题，需要放在一起讨论。从生活中的观察看，德国人首先关注气候问题，然后牵扯出背后的能源结构和转型问题，我们也按照这个顺序进行分析。

一、气候优先

在欧洲，当然包括德国，气候变化已经不再是距离民众遥远的、主要由科学家讨论的议题，而是现实生活中实实在在的每个人都关心的话题，因为气候变化已经被每个人感受到了。

德国地处欧洲北部，相比南欧气候凉爽，居民住宅普遍没有安装空调。气候变化对生活的一个直接影响就是，炎炎夏日，无处避暑。2019年11月26日，德国环境部发布的年度气候变化监控报告显示，气候变化已对德国造成明显影响，德国目前的平均气温已经比开始系统化记录气象数据的1881年升高约1.5℃。德国最高温在30℃以上的炎热天气，从20世纪50年代的年均3天增至目前的年均10天，而2018年甚至逾20天。

高温尤其不利于体弱多病人群的健康，2003年的夏季热浪是约7500人死亡的诱因。不仅是高温，气候变化还会带来异常天气和严重经济损失。2018年的夏季高温导致德国农业减产，损失约7亿欧元。森林火灾和虫害等也进一步加剧。[1] 德国政府的评估报告显示，如果气候变化趋势得不到缓解，未来德国的异常天气将会显著增加，比如干旱、暴雨、高温等，将会威胁到土壤、森林、水资源等整个生态体系，人类的健康，以及未来人们生活所需的资源。[2] 根据环境智库德国观察发布的《2020年全球气候风险指数》报告，在全球受极端天气影响最严重国家排名中，德国居然高居第

---

[1] 《政府报告：气候变化对德国造成明显影响》，新华网，2019年11月27日，http://m.xinhuanet.com/2019-11/27/c_1125280436.htm。

[2] "New study shows risks of climate change in Germany", Umweltbundesamt, Mar. 7, 2023, https://www.umweltbundesamt.de/en/press/pressinformation/new-study-shows-risks-of-climate-change-in-germany.

三，仅低于日本和菲律宾。①

根据笔者近些年来对欧洲的观察，人们对气候问题的关注，在政治领域的一个重要体现就是，各国大选中绿党的支持率普遍上升，在德国也一样。在 2021 年的德国大选竞选期间，绿党的支持率甚至一度排名第一。当年 4 月 20 日，也就是大选前 5 个月左右的时间，德国权威民调机构福沙舆论调查所公布的数据显示，德国绿党支持率达到 28%，位居榜首，超过十几年来稳居首位的联盟党，后者的支持率为 21%，位居第二。虽然在 9 月 26 日举行的德国联邦议院选举中，社会民主党后来居上，获得 25.7% 的选票位居第一，但绿党仍然得到 14.8% 的选票，位列第三，大幅高于上一次大选 8.4% 的得票率，加上自由民主党（得票率 11.5%）组成三党联合政府。绿党是执政三党中席位居第二位的，因而拿到了外交部部长和经济和气候保护部部长两个重要职位。

2020 年大选这一年，欧洲的极端天气也比较多。7 月 14—15 日，德国西部和比利时东部的一个区域，降雨量达 100—150 毫米，引发了洪水和滑坡，并导致 200 多人死亡。8 月，由于气候干燥，西班牙中部阿维拉省发生森林火灾，摧毁了近 70 平方千米森林，2500 名居民撤离。极端高温影响了更广大的地中海地区。8 月 11 日，西西里岛（意大利）一个农业气象站的温度达到 48.8℃，而凯鲁万（突尼斯）的温度达到了创纪录的 50.3℃。8 月 14 日，蒙托罗的温度（47.4℃）创下了西班牙全国纪录，而同一天是马德里有记录以来最热的一天，为 42.7℃。

2021 年 7 月 14 日，欧盟委员会提出应对气候变化的一揽子计划提案，核心目标是到 2030 年欧盟温室气体净排放量与 1990 年的

---

① "Why Germany is 'among top three' countries affected by climate change", The Local, Dec. 4, 2019, https://www.thelocal.de/20191204/germany-is-country-third-most-affected-by-climate-change/.

水平相比至少减少55%,到2050年实现碳中和。根据提案,到2030年,可再生能源将占欧盟最终能源消耗的40%;2030年新注册燃油车将比2021年减少55%,到2035年将不再有新的燃油车注册;到2035年,主要高速公路上每60千米建一个充电站,每150千米建一个充氢站;通过土地利用、林业和农业领域的减排措施,到2030年自然减少3.1亿吨二氧化碳排放;支持航空和航运业选择更多清洁能源;建立道路交通和建筑行业碳排放市场等。此外,欧盟还将设立碳边界调整机制,即对来自碳排放限制相对宽松国家和地区的进口商品,主要包括钢铁、水泥和化肥等征税。[①]

相比于欧盟的方案,德国自己应对气候变化的政策目标更为激进,或者说是超前。2021年5月6日,时任德国总理默克尔在第十二届彼得斯堡气候对话视频会议开幕式上表示,德国实现碳中和的时间将从2050年提前至2045年,同时德国将提高减排目标,2030年温室气体排放较1990年减少65%(1990年作为基年),高于欧盟减排55%的目标。这一雄心勃勃的目标引起了全球的关注,但德国在节能减排方面取得的成就同样值得关注。

德国作为全球主要经济体之一,早在1990年就实现了碳达峰。德国在1990—2020年的30年的时间里,GDP增长了45.5%,但总的电力消耗总体持平,初级能源消耗下降了21.6%,温室气体排放下降了40.8%。数据还显示,2000—2019年,德国的碳排放强度从8.544亿吨降到6.838亿吨,降幅近20%。[②]

多年来,德国通过多项举措持续推进减排,力度不断增强,其中最重要的就是能源转型,其核心目标是从根本上改变能源供应结

[①]《欧盟委员会提出应对气候变化一揽子计划提案》,新华网,2021年7月15日,http://www.xinhuanet.com/2021-07/15/c_1127656211.html。

[②] "Germany's energy consumption and power mix in charts", Clear Energy Wire, Apr. 18, 2023, https://www.cleanenergywire.org/factsheets/germanys-energy-consumption-and-power-mix-charts。

构，并最终彻底从核能和化石燃料转向可再生能源。

2021年大选后，在绿党是执政党之一的情况下，新一届德国政府制定了更加雄心勃勃的气候保护目标：对标《巴黎协定》这一国际协定中设定的目标，即把全球变暖尽可能限制在1.5℃以内，为此还成立了德国经济和气候保护部，由绿党政治家罗伯特·哈贝克负责；到2030年淘汰煤电，而按现行法律，退煤（淘汰煤炭）的最迟期限是2038年；到2030年将有80%的电力需求由可再生能源提供，原来的计划是65%；到2030年，生态农业的比例要达到30%，而原来的目标是20%。在实现碳中和是全球大势所趋的背景下，观察和分析德国的做法和效果，对于其他国家的决策者具有参考意义。

二、放弃煤电

历史上，煤炭对于德国的发展起着至关重要的作用。从自然资源禀赋看，德国煤炭资源丰富，煤炭曾长期是德国最主要的能源来源，支撑着国家经济发展。整个19世纪，德国的工业发展都以煤炭作为能源，大力发展钢铁和纺织业。

德国的煤炭，可以分为石煤和褐煤，前者埋藏深，需要挖井开采，开采费用高；后者埋藏浅，可以露天开采，因而费用相对低廉。到二战结束以后，1950年，石煤和褐煤的消费占德国整个能源消费的比例总计高达88%，当时石油和天然气的比例只有4.8%。二战后的一段时间，煤炭提供能源供给、推动交通运输，带动了德国战后经济复苏，可以说德国经济奇迹正是建立在这些"黑金"之上，因此德国政府曾大力支持石煤开采业发展。1957年，德国采矿业发展达到高峰，共有从业人员60.7万人，其中仅鲁尔区就有50万人。当年全德产煤量达1.5亿吨，82%在鲁尔区，其余分布在萨尔、亚琛和伊本比伦等地。①

随着石油和天然气的广泛使用,煤炭所占比重逐步下降,20世纪60年代石油的消耗已经超过了石煤。此后,虽然在石油危机等情况下也曾经增加过煤炭的使用,但总体上所占比例呈下降趋势。

20世纪六七十年代以来,随着时代的发展,鲁尔区面临转型,煤矿数量不断减少,尤其是石煤的矿场数量。之后,鲁尔区的矿井不得不打到地表1500米下才能开采出煤炭,德国煤炭业的挖掘难度及成本已经非常之高,使其在国际上失去竞争力。而且,煤矿工作既艰苦又危险,尘肺症也成为矿工常见疾病。不仅如此,高炉排放黑烟,烟雾和污垢笼罩着街市,还严重污染环境。越来越多的研究证实,和采煤相关的空气污染和某些疾病之间存在联系。1961年,时任社会民主党总理候选人威利勃兰特提出了著名的口号:"让蓝天重返鲁尔区!"

上述种种因素,让德国关闭煤矿成为大势所趋。1957年曾活跃的173座煤矿,到1967年只剩下70座左右。到1980年,全德仅剩下40座煤矿。至1990年,全德仅存30座,2000年继续缩减至15座。② 为鼓励煤矿开采以支持经济,政府曾提供补贴,但这带来了一定争议。为了补贴深井开采的煤矿,从1998年开始,德国政府向鲁尔区矿业投入累计超过400亿欧元的联邦资金,经济上越来越不划算。

更为重要的是,进入21世纪后,德国政府在2010年颁布的能源方案中提出,到2020年前降低40%的温室气体排放。而煤炭的

---

① 《从"尘肺"到"绿肺":德国石煤时代的终结》,中华人民共和国驻杜塞尔多夫总领事馆网站,2018年12月12日,http://dusseldorf.china-consulate.org/lqcz/201812/t20181212_3738802.htm。

② 《从"尘肺"到"绿肺":德国石煤时代的终结》,中华人民共和国驻杜塞尔多夫总领事馆网站,2018年12月12日,http://dusseldorf.china-consulate.org/lqcz/201812/t20181212_3738802.htm。

高二氧化碳排放也是众人皆知的,所以尽管煤炭储量丰富,但仍然成为了限制的对象。2018年12月21日,德国境内最后一座石煤矿——位于北威州鲁尔区的哈尼尔煤矿正式关闭,这标志着德国长达两个世纪的石煤开采业彻底成为历史。但德国国内的褐煤开采仍在继续进行,并且德国还是全球最大的褐煤生产国。

值得一提的是,煤炭的开采和使用量还不是一个概念,因为德国在开采的同时,还在进口煤炭。统计数据显示,2015—2017年,德国从俄罗斯进口的煤炭交易额已经大幅上涨16.2%,占德国煤炭进口额的38%。2007年以来,德国石煤进口呈上升趋势,是全球主要石煤进口国之一。[1]

煤炭发电仍是德国电力供应的最大支柱。根据德国经济部数据,截至2017年,德国22.5%的电力供应依靠褐煤;在德国公用及工业电厂内,褐煤占到发电和供暖能源消耗的约90%。同期,石煤占德国发电量的14.4%。[2] 褐煤不仅占比大,而且污染性强,燃烧效率差,还会在燃烧过程中产生大量的有害气体,这一直为环保人士所担忧和抗议。2018年夏天,大批环保人士占领了德国北威州的汉巴赫森林,目的是避免企业实施褐煤开采计划。[3]

为了兼顾和平衡各方利益,并在德国的能源和气候政策以及相关结构变革基础上,就如何计划和推动退煤建立广泛的社会共识,德国政府于2018年成立了经济增长、结构转型与就业委员会(又称退煤委员会)。该委员会由业内专家以及受退煤影响的利益相关者组成,其任务是确定如何能够以协调环境、社会和经济问题的方

---

[1] 《德国关闭境内最后一座硬煤矿:同是铁锈区,看看德国人怎么搞?》,第一财经网,2018年12月25日,https://www.yicai.com/news/100086381.html?spm=smpc.content.content.1.1546473600112RApKu4F。

[2] 《德国正式告别石煤开采》,中国环境新闻网,2018年12月24日,http://www.cfej.net/lvse/gjhjxw/201812/t20181224_685813.shtml。

[3] 《德国的"退煤"之路取得突破性进展》,财新网,2019年2月20日,http://reei.blog.caixin.com/archives/198749。

式完成煤炭的淘汰。

2019年初，该委员会在其报告中指出了煤炭逐步退市的可行性，并提出了退煤的路径和配套措施。该报告为德国随后的退煤决定和相关立法奠定了基础。2020年7月，德国联邦议会通过了《减少和终止煤炭发电法》（简称《退煤法案》）和《加强煤炭地区结构调整法》。《退煤法案》确定了德国逐步淘汰煤炭的具体路径和法律规定的最终日期，也就是最迟退煤期限为2038年，如果定期审查认为可行，则可选择提前至2035年完成。由于褐煤发电厂和采矿业对社会经济影响更大，因此与石煤相比，褐煤的淘汰速度将相对缓慢。①

《退煤法案》不仅确定了德国逐步淘汰煤炭的具体路径和法律规定的最终日期，还规定了如何淘汰石煤和褐煤，以及如何对强制关闭的燃煤电厂经营者提供相关补偿。比如，德国的退煤举措将对西部卢萨蒂亚区、德国中部地区和东部莱茵区的社会经济产生重大影响。对此，《退煤法案》规定：提供140亿欧元用于支持地方政府管理的投资和项目，以及260亿欧元用于支持联邦政府提出的到2038年前需落地的措施。②

值得一提的是，过去几十年中，煤炭的使用虽然整体呈下降趋势，但其中也有波动。比如在20世纪70年代石油危机后，为缓解石油供应的不足，德国一度增加了煤炭的使用。2021年，由于天然气储备量下降和价格飙升，煤炭的使用再次受到重视。根据德国联邦统计局的计算，2021年第三季度，全德总发电量1184亿千瓦时的一半以上（56.9%）来自传统能源发电。煤电发电量同比增长22.5%，

---

① 《多元、合作、创新、共建"后煤炭时代"：德国退煤计划与煤炭地区的未来》，https：//www.energypartnership.cn/fileadmin/user_upload/china/media_elements/publications/2021/German_Coal_Phase-out_Factsheet_CN.pdf。

② 《中德能源合作：共同迈向能源转型的未来》，https：//transition-china.org/wp-content/uploads/2021/10/Energy-Magazine-Issue-No.-10_10.2021_screen-1.pdf。

增幅达到历史峰值。风电是第二大发电能源，并网电量比例16.6%，紧随其后的是核能（14.2%）和光伏（13.3%）。总体而言，可再生能源发电占比43.1%，略低于2020年同期的44%。①

可见，德国降低煤炭发电还要受到现实因素的影响。而2021年大选后形成新政府，却计划将退出煤电的时间再提前8年到2030年。②考虑到煤电目前的地位，这确实是一个非常有雄心的计划。德国人退出煤电的勇气令人钦佩，做法和效果也值得我们关注。

在这个雄心勃勃的退煤计划推出后不久，德国就遭遇了俄乌冲突的考验。由于大幅减少从俄罗斯进口石油和天然气，德国在能源供应困难的情况下，不但没有减少，反而增加了煤炭的使用。2022年，德国政府恢复了十几个本已经废除的煤电厂，让其继续发电，并且延长了其他几个煤电厂的使用期限。由于煤炭的温室气体排放高，环保人士对德国政府的这一做法提出了严重抗议。新任德国经济和气候保护部部长哈贝克则表示："这很痛苦，但为了较少使用天然气，增加煤炭的使用几乎是必须的，我们必须要为下一个冬天储备天然气。"③

统计数据显示，2022年德国煤炭的进口量为4400万吨，比2021年增加了8%。④德国的煤炭运输很大程度上依赖水运，而

---

① 《统计数据显示，德国近三分之一的电力来自煤炭》，中华人民共和国商务部网站，2021年12月14日，http://de.mofcom.gov.cn/article/jmxw/202112/20211203232468.shtml。

② "Next German government aims for coal exit in 2030 in bid to get on 1.5 degree path", Clean Energy Wire, Nov. 24, 2021, https://www.cleanenergywire.org/news/new-german-government-aims-coal-exit-2030-bid-get-15-degree-path.

③ "'The situation is serious': Germany plans to fire up coal plants as Russia throttles gas supplies", CNBC, Jun. 20, 2022, https://www.cnbc.com/2022/06/20/ukraine-war-germany-turns-to-coal-as-russia-throttles-gas-supplies.html.

④ "Germany: Coal imports increase in 2022 amid Ukraine war", Deutsche Welle, Feb. 25, 2023, https://www.dw.com/en/germany-coal-imports-increase-in-2022-amid-ukraine-war/a-64818198?maca=en-rss-en-all-1573-rdf.

2022 年又是旱季，莱茵河水位低，而煤炭运输需求又增加，导致运力紧张和成本上升，加剧了 2022 年德国能源价格上涨的压力。

三、淘汰核电

使用核电在德国是一个有争议的话题，民众有支持的，更有反对的，不同政党态度有所不同，即便是同一个政党在不同时期也会采取不同政策。

德国第一个核电站于 1966 年并网发电，此后发展较快，最多曾有 17 座核电站，比较著名的核电站为克吕梅尔核电站、埃姆斯兰核电站、格拉芬赖因费尔德核电站、比布利斯核电站、奥布里希海姆核电站和威斯特伐利亚核电站，另外有 40 座左右的核电反应堆，提供了国内三分之一的电力。在 2000 年国际核电站电力生产比较所列出的 10 座最大核电站中，德国占了 6 座，分别居第一、第二、第三、第六、第七、第八位。但随着核电站的发展，反核运动也日益高涨。德国的环保组织和民众对核安全有忧虑，特别是将放射性废物运往法国处理后再运回国内储存的安排，引发了民众大规模抗议活动。

1979 年，文德兰地区的农民自发走上街头，抗议当局向该地区运送放射性废物。在下萨克森州的首府汉诺威游行人数多达 10 万人，是德国第一次大规模的反核示威。1986 年切尔诺贝利核电站事故后，反核运动进入高潮，以绿党为首的反核力量进一步壮大。

1998 年大选后，社会民主党和绿党组成了德国历史上第一个红绿联合政府（社会民主党和绿党的代表色分别为红色、绿色），在联合执政协议中的一个要点就是，宣布逐步关闭核电站。2000 年 6 月，红绿联合政府和核电企业达成原则协议，决定有秩序地结束利用核能，限期利用现有核电站，不再建立新的核电站，2021

年基本关闭所有核电站。①

但相关游行并没有结束，2001 年 3 月 26 日，德国出动了 3 万警力、数架直升机和水炮，来沿途护送 1 辆从法国勒阿格市高杰玛放射性废物处理厂驶向德国格莱本镇的火车，这是自二战以来德国本土最大规模的警察行动之一，主要是为了应付环保分子在列车行驶沿线组织的近万人的示威抗议行动。2002 年，德国联邦议会通过了《有序结束利用核能进行行业性生产的电能法》，规定 2022 年底彻底关闭所有核电站。

关闭核电站的决定是在社会民主党和绿党联合执政时期作出的，2005 年默克尔领导的联盟党和社会民主党组成黑红大联盟政府（联盟党的代表色为黑色）后，对于退出核电并没有那么积极，因为默克尔政府对关闭所有核电站后造成的电力短缺能不能由可再生能源来补充，一直没有十分的把握。2009 年大选后，社会民主党退出联合政府，由联盟党和自由民主党执政，决定延长核电站的运营期，将现有核电站的运转年限平均延长 12 年，关闭最后一座核电站的时间由 2022 年前后推迟到大约 2035 年。

此举引发了持反对意见的德国市民大规模的抗议游行。2010 年 9 月 18 日，约 10 万名德国民众走上首都柏林街头，抗议政府延长核电站运转年限的决定。人们手持写有"立即停止核能发电"的横幅和标语牌，围绕总理府和联邦议会列队游行。②

2011 年 3 月 11 日日本福岛核电站事故的发生，让默克尔领导的政府难以抵挡反核意见的压力。事故后大概半个月，也就是 3 月 27 日，德国巴登－符腾堡州举行州议会选举，执政联盟遭遇历史性失败，绿党赢得重大胜利。分析人士认为，绿党的这场胜利主要

---

① 殷桐生：《德国经济通论》，社会科学文献出版社 2017 年版，第 215 页。
② 《德国 10 万人大游行 抗议政府延长核能发电》，中国能源网，2010 年 9 月 20 日，https://www.china5e.com/news/news-130045-1.html。

得益于日本核泄漏危机。因为许多德国人忧心核电站安全，致使主张发展核电的执政伙伴自由民主党人气大跌。遭遇重创后的默克尔政府不得不顺应民意，彻底放弃核能发电。2011年5月29日深夜，由总理默克尔领导的德国执政联盟经过近12个小时的磋商后，宣布就德国放弃核电时间表达成妥协。根据这一计划，德国将于2022年前彻底放弃核能发电。德国也成为西方工业大国中，第一个全面弃核的国家。

可见，德国弃核在国内有着浓厚的民意诉求和政治基础，并不仅仅是默克尔本人或者其领导的政府的决定，事实上默克尔领导的政府在弃核的问题上曾经是犹豫的，很大程度上是在"民意"的压力下做出的选择。但10年之后，"民意"似乎变了。前面提到，在我到柏林的第一年，也就是2021年，德国经济的第一个特点就是能源价格跳涨，民众出现不满情绪。当年10月19日，德国卢森堡广播电视台"趋势晴雨表"民调显示，42%的受访德国群众认为，关闭所有核电站是一个错误决定。这时的默克尔已经准备卸任，问题只能留给新一届政府了。

四、石油匮乏

石油是经济发展的重要资源，但德国从来都不是石油资源富裕的国家，历史上多次因为石油供应问题陷入危机。

德国已经探明的石油存储主要分布在北德平原、上莱茵谷地、阿尔卑斯山山前高原，以及北海潮汐平原的米泰尔普拉特油田。2019年的数据显示，德国已探明石油存储量为2.76亿桶。相对于德国的经济规模和需求而言，德国本土的石油存储量和产量可以说杯水车薪，而且产量连年下降。数据显示，德国1970年石油产量为750万吨，1980年降到460万吨，1990年降到360万吨，2000年降到310万吨，2010年降到250万吨。从比例上看，1970年德国自己能满足大约7%的石油需求,1985年降到5%,1995年之后只有2%。[1]

由于本土石油产量根本无法满足需求,这让德国在石油问题上一直依赖进口,中东地区和石油输出国组织(欧佩克)成员国曾经是德国最重要的石油来源地,但20世纪70年代的两次石油危机给德国敲响了警钟,开始意识到要逐步减少对石油的依赖。之后,德国采取了一系列措施:

一是通过提高消费石油的经济成本来控制需求量。1992年,德国制定了《矿物油税法》,规定使用无铅汽油必须交燃油税。此后又多次修改该法,提高税率水平。在我驻德国这段时间,在德国加油,每升汽油需要交燃油税0.6545欧元,每升柴油需要交燃油税0.4704欧元。再加上19%的增值税,在德国给汽车加油的费用,差不多有一半都是税,汽油价格也比较高,在每升1.7—1.9欧元之间浮动,对德国人来说也是不低的价格。

由于基数大、税率高,燃油税也是德国仅次于个人收入税和增值税的政府第三大税收来源。在德国可以看到很多骑自行车的人,经常开车的人也不刻意追求大排量,而是注重经济实用,这不仅是德国人在减排、环保方面意识强,而且体现了价格杠杆的调节作用。

在德国买车的时候可以发现,像戴姆勒、宝马这些本地的大型车企,基本上把大排量的SUV生产线都转移到了国外,尤其是美国,可以显示出德国人和美国人、德国市场和美国市场,对大排量汽车的不同态度。这也让笔者想起在美国做访问学者时,由于公交线路少、等待时间长,如果家里没有汽车,出门几乎寸步难行,很难看到自行车,家家户户出门就要开车,当地汽油价格也便宜。而在德国,公共交通还是比较便利的,自行车到处都是,为节省汽油

---

[1] 殷桐生:《德国经济通论》,社会科学文献出版社2017年版,第220页。

费选择绿色出行的人不在少数。

二是降低对形势不稳定的中东地区石油的依赖,实现进口来源多元化。由于德国本土几乎不产油,因而需要大量进口,过去主要来源地是石油资源富饶的中东。1973年10月第四次中东战争爆发,欧佩克为了打击对手以色列及支持以色列的国家,宣布对西方国家实行石油禁运,暂停出口,造成油价上涨。至1974年3月危机结束,原油价格从1973年的每桶不到3美元涨到接近12美元。

1978年底,世界第二大石油出口国伊朗,政局发生了剧烈变化,伊朗亲美的温和派国王巴列维下台,引发第二次石油危机。在这个时间点,又爆发了两伊战争,全球石油产量受到剧烈影响,从每天580万桶骤降到100万桶以下,可以说是抛物线式下滑。随着产量的锐减,石油价格从1979年开始暴涨,从每桶13美元猛增至1980年的34美元。

这两次石油危机后,德国有意识地降低对中东地区和欧佩克国家的石油依赖,逐步转向俄罗斯、挪威、利比亚、哈萨克斯坦等国家。1980年,德国进口石油的62%来自中东地区。到21世纪初,欧佩克国家占德国石油进口比重已降至18.2%,而独联体国家占德国石油进口总量的42.2%,北海油田占34.9%。[1]

2021年1月,德国官方公布的数据显示,2020年前11个月德国石油进口总计为7640万吨,低于2019年同期的7860万吨。在此期间,俄罗斯为德国石油进口最大的来源地,占到34.1%,其次为英国和挪威北海的21.6%,从欧佩克国家进口占到16%。[2] 当然,德国的石油进口"多元化"确实很大程度回避了中东的风险,但从俄罗斯进口能源增加,又成为德国面临的新难题,我们会在后

---

[1] 《德国的能源政策和石油战略储备机制》,中华人民共和国商务部网站,2005年3月17日,http://hamburg.mofcom.gov.cn/article/zxhz/ztdy/200503/20050300026390.shtml。

[2] 《德国1—11月石油进口同比下降2.8%!》,国际石油网,2021年1月19日,https://oil.in-en.com/html/oil-2912680.shtml。

面继续讨论。

三是通过建立石油储备机制来缓冲外部危机的冲击。德国的危机意识还是有的,早在 1966 年,当时的德国政府就建立了一个多元化的石油储备体系。1975 年,根据国际能源机构的规定,德国开始按照相当于前一年 90 天的净进口量储备石油。1978 年,德国颁布了《石油及石油制品储备法》(简称《石油储备法》),决定建立名为石油储备联盟的储油组织,负责具体管理联邦石油储备,并规定所有炼油厂、石油进口公司、石油销售公司及使用石油发电的电厂,均必须成为石油储备联盟的会员。会员大会是德国石油储备联盟的最高决策机构。石油储备联盟下设理事会,负责在大会闭会期间行使联盟的职权。理事会由来自工业界的 6 名代表(炼油公司代表 3 人,石油进口及销售公司代表 3 人)和 3 名政府指派的代表组成。石油储备联盟的会员每月须向该机构报告其石油产品生产与进口情况,违者将受到严重处罚。

1987 年,德国对《石油储备法》作了修改,增加了石油储备联盟的储备义务,即按照上一年的进口量,分别按汽油(包括各个等级在内)、中间馏分油(柴油、轻燃油、煤油和发动机油)和重油(只通过委托的方式)三个类别建立 80 天使用量的储备。1998 年,德国再次对《石油储备法》作了修正,将石油储备联盟的储备义务增加至 90 天的使用量。

经过多年的发展,石油储备联盟已成为承担德国石油储备义务的主要力量。原则上,石油储备联盟可以自行选择储存原油或石油制品,但事实上,德国三大类石油储备中,汽油和中间馏分油储存量中至少 40% 是石油制成品,重油部分则全部是原油。

此外,德国政府还通过专门设立的一家公司,在北部地区的地下岩洞中自行储备了相当于全国 17 天需求量的石油储备,约 700 多万吨原油。根据《石油储备法》,企业作为会员除了承担石油储备联盟规定的义务外,还必须自行储备一定数量的石油,不包括企业生产或进口过程中必需的周转库存。德国法律规定，炼油企业应当有15天的储备，石油进口企业和使用石油发电的电厂需要储备30天的使用量。

根据《石油储备法》，如果市场出现严重供应短缺的情况，德国经济部可以通过发布紧急法令来动用石油储备，并就投放品种和数量作出规定。石油储备联盟在收到法令后，就会按照各会员缴纳会费的比例决定向它们发放石油储备的品种与数量。法律规定，石油储备通常是以市场价格而非当时的购入价格进行投放的。无论如何，石油储备联盟都不允许以低于平均采购价的价格出售石油储备。

德国石油储备分布较为均匀，同时具有较高的灵活性，因而确保了在紧急情况下，石油储备能够迅速到达指定地区和企业的手中。至于企业自身的石油储备，各企业在紧急时期可自行决定动用，但事后必须迅速补足原定的储备量。

德国政府拥有的石油储备作为国家的战略储备，控制十分严格，除在特定情况下发放给军事部门，或用于弥补进口企业储备义务与国际能源机构所规定的90天储备目标不足外，政府轻易不会同意动用。[1]

德国自1978年建立战略石油储备机制以来，曾经数次动用过储备油：第一次是1990年伊拉克攻占科威特油田；第二次是2005年美国爆发卡特里娜飓风灾难；第三次是2011年6月发生利比亚危机之时。[2] 2012年，布鲁特原油价格涨至120多美元1桶时，德国并未启动石油储备。可以看出，德国石油储备的目的是应对供应不足的危机，而不是平抑价格，因而在新冠疫情后，包括石油在内

---

[1] 《德国石油储备的多元特色》，新浪网，2004年7月22日，http://news.sina.com.cn/w/2004-07-22/08513161274s.shtml。

[2] 《德国不会动用战略石油储备》，国家能源局网站，2012年3月31日，http://www.nea.gov.cn/2012-03/31/c_131498847.htm。

— 48 —

的能源价格上升,德国也并未考虑动用石油储备。

总体看,德国是贫油国家,对石油的外部依赖几乎是百分之百,这让德国的经济面临脆弱性,对外部的石油危机非常敏感,也采取了多种措施来降低风险。同时,石油作为化石能源,在气候变化压力下,德国又多了一个降低对石油依赖的理由。在多重压力下,尤其是2022年俄乌冲突影响下,德国正趋势性地降低对石油的使用和依赖。

五、天然气短缺

在德国,天然气的主要用途是供热,这占据了德国国内天然气消费的90%,提供了44%的热力。也就是说,德国大概有一半的公寓是依靠天然气供暖的。此外,天然气还用于发电和充当燃料。德国全国目前至少有8万辆汽车以天然气为动力,有充气站800多座。

相比于煤炭和石油,天然气对气候更加友好,二氧化碳排放相对低,价格也相对便宜。长期以来,天然气都是仅次于石油的德国第二大能源来源。2016年的数据显示,天然气占德国能源消耗的比重为22.6%,德国是欧洲最大的天然气市场。按照德国联邦经济部的说法,对于德国的能源供应,天然气在未来几十年都将发挥至关重要的作用。[1]

为保障国内天然气供应,德国非常重视管道网络建设,天然气干线管道总里程约为7.5万千米,总长度超过51万千米。德国天然气市场的特点是在管道网络、存储操作和天然气交易领域都有大

---

[1] "Natural gas supply in Germany", German Federal Ministry for Economic Affairs and Climate Action, https://www.bmwi.de/Redaktion/EN/Artikel/Energy/gas-natural-gas-supply-in-germany.html.

量私营组织运营商。在德国,有两个天然气市场区域(NetConnect 和 Gaspool),每个区域都有自己的协调员,以确保燃气网络接入和市场活动都以有效的方式进行。

德国天然气管道行业最初严格奉行自由竞争、公平准入原则,凡是符合要求的国内外能源企业,都可以参与德国国内天然气行业投资,并拥有完全的基础设施投资权与市场经营自主权。目前,德国有 16 家燃气输送系统运营商,包括意昂集团、德国天然气公司(VNG)、莱茵集团等,其他参与者包括分销系统运营商、仓储设施运营商等。在德国,政府没有强制性的天然气存储要求,也没有国家存储设施,天然气存储设施由私人公司所拥有。其中,意昂集团的天然气存储业务分部是最大的储气库运营商。[1]

德国的天然气产量连年下降,无法满足本国需求,需要大量进口。2005 年以来,德国天然气的消费量基本保持稳定,每年大概 800 亿—900 亿立方米,但产量连年下滑,本国产量只能满足国内需求的很小一部分。如图 3-1 所示,以 2020 年的数据为例,当年德国天然气消费 865 亿立方米,自产仅占 5.2%。而且,与石油不同的是,德国对天然气的依赖程度愈加严重。

2021 年 8 月公布的数据显示,2021 年上半年,天然气使用量同比增长 15.6%,这一数据增加的主要原因是,与 2020 年同期相比,2021 年前 3 个月的天气明显凉爽且无风,这导致天然气用于供热和发电的使用增加。在德国能源结构中,天然气份额达到 30.6%,首次位居第一。石油则退居第二,占 28.6%。第三是可再生能源(16.8%),之后是褐煤(8.4%)、硬煤(8.2%)和核能(6%)。[2]

由于天然气自产不足,必须持续增加进口,俄罗斯成为德国最

---

[1] 吕淼:《欧洲天然气管网基础设施运营与监管》,《能源》2019 年第 9 期,第 66—71 页。

[2] 《天然气成为德国的主要能源》,国际能源网,2021 年 8 月 9 日,https://www.in-en.com/article/html/energy-2306572.shtml。

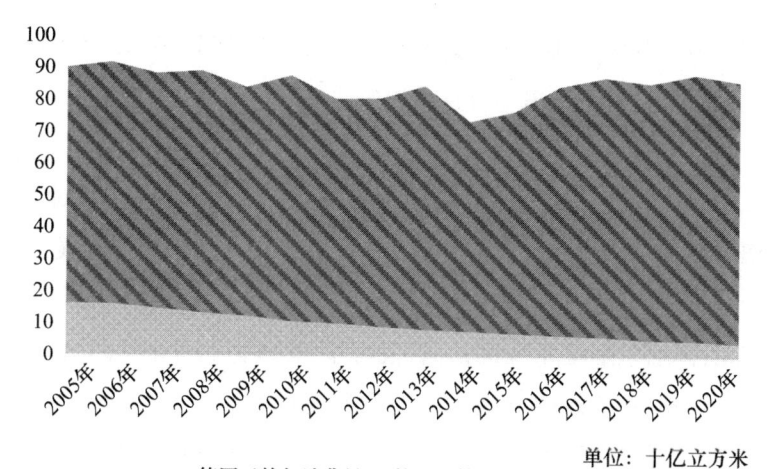

图 3-1　德国天然气消费量和产量（2005—2020 年）

数据来源："Natural gas consumption in Germany from 2005 to 2022", Statista, https://www.statista.com/statistics/703657/natural-gas-consumption-germany/; "Natural gas production in Germany from 1998 to 2022", Statista, https://www.statista.com/statistics/265341/natural-gas-production-in-germany-since-1998/。

重要的天然气提供方。2012 年以来，仅俄罗斯天然气的供应份额就从 40% 攀升至 2021 年的 55%。2021—2022 年，德国的天然气储备量达到了历史最低水平，迫切希望已经建成的北溪 2 号天然气管道工程能够解燃眉之急。但这时又发生了俄乌冲突，其他西方国家都希望通过废止这一工程来给俄罗斯施加压力，德国夹在中间左右为难，还遭受到了许多来自北约国家的批评。

德国为满足国内天然气需求所建设的管道中，最著名的就是北溪天然气管道。这是一个离岸天然气管道，从俄罗斯维堡起步，一直到德国格赖夫斯瓦尔德。该项目包含北溪 1 号、北溪 2 号两条平行管道。北溪 1 号管道已于 2011 年 11 月 8 日正式投入使用，但北溪 2 号则命运多舛。北溪 2 号管道总长度约 1222 千米，其超过了兰格勒德管线并因此成为世界最长的海底管道之一。该设计输气能力为 550 亿立方米/年。该线路穿越波罗的海，大部分路段都是沿用于 2011 年投入使用的北溪 1 号的走向，两条管道的额定运输能力也基本相同。

俄罗斯天然气工业股份公司是北溪 2 号股份公司的独家持股者，负责实施这一耗资 95 亿欧元的项目，并且承担一半的费用。余下的一半由 5 家西方国家的公司出资，其分别是法国能源集团（ENGIE）、奥地利石油天然气集团（OMV）、荷兰皇家壳牌公司、德国的尤尼珀公司（Uniper）和温特沙尔公司（Wintershall）。

由于地缘政治的原因，美国强烈反对北溪 2 号的修建。2019 年 1 月，美国驻德国大使理查德·格雷内尔给德国企业写了一封信，表示如果北溪 2 号和土耳其溪 2 条天然气管道投入运营，将使得欧洲目前从乌克兰进口的天然气变得多余，那么乌克兰的安全政治地位将会逐渐下降，俄罗斯介入并干预乌克兰冲突的危险就会上升，欧盟也会因此产生对俄罗斯能源安全的依赖性。

德国国内对通过波罗的海连接德国和俄罗斯的天然气管道也有不同的意见，有观点认为，不论是俄罗斯还是美国都企图使用天然气作为政治武器，因而认为北溪 2 号"对环境有害，在经济上没有必要，而且在财务上无利可图"。尽管面临重重阻力，但北溪 2 号项目德国段于 2020 年 12 月 29 日已宣布如期完工。2021 年 7 月 21 日，美国国务院宣布与德国政府就北溪 2 号达成协议，并结束双方在该项目上的争端。但乌克兰和波兰对此表示强烈反对。同年 9 月 6 日，北溪 2 号管道完成铺设。10 月 5 日，北溪 2 号开始注气。

2021 年 11 月 16 日，德国能源监管机构暂停批准北溪 2 号管道的许可证。12 月 12 日，德国外交部部长安娜莱娜·巴尔博克表示，北溪 2 号天然气管道无法获得认证，原因是它不符合欧盟能源法规。因而，虽然工程已经完工，但由于政治和法律因素，无法投入使用。

2022 年 9 月 26 日，北溪 1 号与北溪 2 号位于波罗的海海底的管道于同一日发生爆炸，大量天然气泄漏到附近海域。爆炸发生后，美国、欧盟、北约和俄罗斯皆表示爆炸是人为破坏造成的。丹麦、瑞典以及挪威对北溪管道被破坏一事组成调查团队。丹麦调查组于2022年10月18日发表对连接俄罗斯和德国的2条水下管道的气体泄漏进行的初步调查结果，发现是由强大的爆炸造成的损害。瑞典调查组于11月18日发表初步调查结果，认定北溪管道是由人为蓄意破坏造成的。调查人员在受损的北溪管道现场发现了爆炸物痕迹，证实管道曾遭到严重破坏。

对德国来讲，好消息是2022年初欧盟委员会将天然气列为绿色能源，这意味着天然气的使用会得到欧盟的资金支持。当然，尽管天然气相对于煤炭和石油，二氧化碳排放小，但毕竟也是化石能源，所以这一计划在欧盟其他一些国家遭到了反对。虽然欧盟委员会的分类对天然气项目的认证也有一些条件，比如天然气发电每千瓦时的二氧化碳排放量不得超过270克，或在20年时间段里的平均排放不超过某一上限，但无论如何，这一计划都对天然气的使用形成鼓励，也使得现有天然气电站进行增效减排技术改造成为可能。持不同意见的奥地利和卢森堡宣布，将对欧盟这一分类法规提起诉讼。

不论欧盟政策最终结果如何，德国朔尔茨领导的新政府认为，天然气在从化石能源到可再生能源的过渡期内是必不可少的。

第二节 可再生能源发展迅猛

德国的可再生能源发展全球领先。数据显示，2020年，可再生能源发电量占德国电力市场的近50%，是10年前的近3倍。其中，风力发电做出了最大贡献，占比27.4%；光伏发电占比9.7%；其余的12.2%则由生物质能、水力发电和其他可再生能源构成。①

一、风能至关重要

德国非常重视风能的开发。风力发电自20世纪80年代兴起于美国时，德国敏锐地意识到了其广阔前景和战略意义，制定了相关扶持政策，于1991年颁布《电力并网法》，并在2000年出台《可再生能源法》取而代之。法律明确了电网运营商和风电项目投资及运营企业的义务与权利，并规定了最低收购价格，为风电发展铺平了道路。②

到2015年底，德国已安装了超过26772台风力发动机。按装机容量计算，德国是世界第三大风力发电国，仅次于中国和美国。截至2017年底，已有装机容量为55.6吉瓦，其中5.2吉瓦来自海上安装。2019年，德国四分之一的电力是使用风能发电的，而2010年约为9.3%。作为风电发展的支持，德国还有许多风机制造商，例如爱纳康、诺德克斯和森敏等。

风电的发展和煤电形成了鲜明对比。德国联邦统计局数据显示，2020年风力发电总量较2019年增长了5.4%，达到25.6%，而煤炭发电的比重同比下降了21.5%，仅为24.8%。来自风力发电并输入德国电网的电力，在2020年首次超过了燃煤电厂提供的电力。由于德国疫情封锁限制，国家范围内电力消耗大大降低，可再生能源的发电量可以很大程度上满足社会的用电需求，再加上德

---

① "Germany's energy consumption and power mix in charts", Clean Energy Wire, Apr. 18, 2023, https://www.cleanenergywire.org/factsheets/germanys-energy-consumption-and-power-mix-charts.

② 《德国风电产业概况、对华合作现状及前景》，中华人民共和国商务部网站，2009年12月14日，http://munich.mofcom.gov.cn/article/gjk/201005/20100506926532.shtml。

国政府推行的清洁能源优先调度政策,许多传统煤炭电厂纷纷缩小了生产规模。[①]

图 3-2 德国风能

如果有机会在德国驾车出行的话,风力发电设施在乡间到处可见,普及程度很高。巨大的风叶带动涡轮旋转,给德国经济提供源源动力。相对于光伏发电,风力发电所需要的占地面积小,对种植农作物影响也小。

除了利用陆上风力资源外,德国还十分重视海上风力资源的开发和利用。2020 年 12 月 10 日,德国《海上风电法》修正案开始生效。该修正案将德国 2030 年海上风电发展目标从 15 吉瓦提高到 20 吉瓦,提出 2040 年装机容量应达到 40 吉瓦。德国经济和能源部部长阿尔特迈尔表示:"德国海上风电发展的 2040 年宏伟目标,将进一步扩大德国在海上风电领域的领跑作用。鉴于德国企业积极参与海上风电技术的快速发展,海上风能将提供越来越多经济合理

---

① 《风能取代煤成为德国电力第一大来源》,北极星风力发电网,2021 年 3 月 12 日,https://news.bjx.com.cn/html/20210312/1141235.shtml。

的绿电，并成为德国和欧洲能源转型的一个重要支柱。"[1]

在海上风能方面，德国还非常重视国际合作，其中有两个比较重要的合作机制。一个是北海能源合作机制，其旨在改善海上风电扩建过程中的跨国协调，实现海上风电生产与跨国界电力交易的互联。具体而言，就是减少电缆的铺设，避免电缆的紊乱局面，降低电缆建设的成本。通过成员国海上风电场的相互连接，还可以更好地发挥电网的负荷作用，提高供电的安全性，因为这样一来在某国海上风电场因缺乏风力而发电不足的情况下，可通过其他国家的海上风电场向陆上供电。2020年，德国担任了为期一年的北海能源合作主席国。在这一合作机制下，10个欧洲国家（比利时、丹麦、德国、法国、英国、爱尔兰、卢森堡、荷兰、挪威、瑞典）以及欧盟委员会在发展海上风电和建设电网基础设施方面开展合作。

另一个是波罗的海沿岸国家合作机制。2020年9月30日，欧盟波罗的海沿岸国家签署了一份由波兰倡议发起的《波罗的海海上风能联合意向声明》，该意向声明释放出在该地区发展海上风电的明确信号。这一动议建议成立一个联合工作组，以加强波罗的海沿岸的海上风电建设。时任德国经济和能源部国务秘书费希特表示，海上风电是德国担任欧盟理事会轮值主席国期间的一个工作重点。与北海能源合作机制相比，许多波罗的海沿岸国家在海上风电建设方面还处在初期阶段，但此次签署的合作意向书可以说是该地区海上风电建设与合作所迈出的重要一步。2020年，德国在北海和波罗的海的海上风电总装机容量为7.7吉瓦。[2]

---

[1] 《2020德国能源转型政策和新闻回顾》，https://www.energypartnership.cn/fileadmin/user_upload/china/media_elements/publications/2020/Summary_German_Energy_Transition_Policies_2020.pdf。

[2] 《2020德国能源转型政策和新闻回顾》，https://www.energypartnership.cn/fileadmin/user_upload/china/media_elements/publications/2020/Summary_German_Energy_Transition_Policies_2020.pdf。

二、水能保持平稳

水能是一种比较传统的可再生能源。水力发电是将水的势能或者动能转换成电能的发电方式,其原理是利用水位的落差(势能)在重力作用下流动(动能),例如从河流或水库等高位水源引水流至较低位处,水流推动轮机使之旋转,带动发电机发电。相比于风能和太阳能,水力发电的一个优势就是发电过程和发电量更容易控制。如果发电量超过需要,可以把水储存在比较高的位置,作为势能保存起来,需要的时候再把能量释放出来。这一特点非常有助于保证水力发电的稳定性。①

德国的水力发电起步比较早,19世纪末就建立了第一个水力发电站,目前已经开发了全部资源的70%以上。德国政府认为,德国的水电技术全球领先且成熟,全球大约一半的水电站都是基于德国的技术而修建。德国大部分水力发电站位于巴伐利亚州和巴登－符腾堡州,因为这里的水位落差较大。

由于地形、地貌等条件的限制,水力资源不会出现大的波动,因而德国的水电发展也早已进入平缓期,目前水力发电站数量维持在7000座左右,比较稳定。水力发电量每年在20千瓦时左右,其发电量占德国总发电量的3%左右,水力发电总量有限,总体保持平稳。

三、光伏卷土重来

德国光伏发展的先天条件并不十分理想,因为国土面积有限,

---

① "Hydroelectric power", German Federal Ministry for Economic Affair and Climate Action, https：//german－energy－solutions.de/GES/Redaktion/EN/Text－Collections/Energy-Solutions/EnergyGeneration/hydroelectric－power.html.

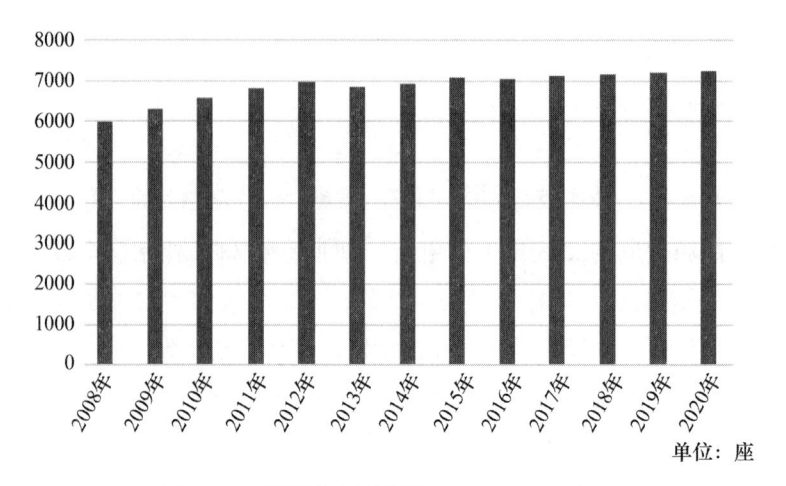

图 3-3　德国水电站数量（2008—2020 年）

数据来源："Number of hydroelectric power plants in Germany from 2008 to 2020", Statista, https://www.statista.com/statistics/1105814/hydropower-sites-in-germany/。

光照资源分布不均，光伏组件成本高，但德国的光伏产业发展起步早，一度全球领先。

德国的太阳能光伏产业始于"千屋顶计划"。从 1991 年开始，德国政府为每位安装太阳能屋顶的住户提供补贴，开了政府支持太阳能产业发展的先河。1998 年，政府又提出了 10 万光伏屋顶计划，主要内容是在 6 年内安装 300—500 兆瓦光伏系统，并于 2003 年圆满完成该计划。屋顶计划的主要补贴方式为初装补贴，即在初始安装时，政策给予每瓦若干补贴，并以提供优惠贷款的方式鼓励住户使用光伏产品。

德国政府还通过一个被称为"买回补助"的政策，支持初生的光伏产业及太阳能屋顶计划，以确保公司和个人投资者的收益。这一政策规定，公司或个人在太阳能设备安装后的 20 年内，享有将通过太阳能发出的电力以高于市场固定价格卖给公共电力公司的权利。

"千屋顶计划"被证明大获成功，2000 年德国政府在此基础上提高了对太阳能买回补助的比例。不过，调整后，政府的补助率以

5%的比例逐年递减，用于补贴新安装的系统。每年补贴递减的政策，清晰地传达了政府鼓励光伏产业降低生产成本的意图。①

2000年初，为激励包括光伏在内的可再生能源产业发展，德国联邦众议院和参议院颁布实施了《可再生能源法》，设立了对可再生能源发电的"固定上网电价"机制。在高额补贴、全额调度优先权及长达20年补贴不变的政策激励下，大批投资者无负担无顾虑地进军光伏产业，德国光伏市场得到了空前扩张，取得全球领先地位。2004年1月，德国实行了新的《可再生能源法》，其中规定了优先并网、全额接纳的新能源电力政策，并细分了各种类型的发电装置的上网电价。在政策调整的2000年与2004年，装机容量增速都非常快，分别达到了184%和325%。②

2013年，德国光伏电力消费量已经达到30太瓦时，③较2009年的消费量增长13.72%；2015年，德国光伏电力消费量为38.47太瓦时；2016年首次下降为37.51太瓦时；2017年有所回升，为39.8太瓦时；2019年德国光伏电力消费量进一步上升至46.7太瓦时，同比增长4.24%。④

虽然市场总体保持繁荣，但德国自身光伏企业的发展曾遭遇低谷。2010—2012年，德国新增太阳能容量分别为7.4吉瓦、7.5吉瓦、7.6吉瓦，⑤连续3年超过7吉瓦。截至2012年底，德国累计装机容量达到了32吉瓦，全球约为100吉瓦，德国占了三

---

① 《德国和日本的光伏产业发展之路》，北极星太阳能光伏网，2010年9月6日，https：//guangfu.bjx.com.cn/news/20100906/255790.shtml。
② 《德国：光伏补贴时代终结，自发自用兴起》，中国能源网，2013年5月13日，https：//www.china5e.com/news/news-338291-1.html。
③ 注：1太瓦时=10亿千瓦时。
④ 《2020年全球光伏行业发展现状分析 累计装机容量突破600GW、德国光伏市场稳定增长》，国际太阳能光伏网，2020年5月14日，https：//solar.in-en.com/html/solar-2358988.shtml。
⑤ 注：1吉瓦=1000兆瓦=100万千瓦。

分之一。① 面临 2010 年前后的光伏过度增长对财政造成的巨大压力，德国政府紧急刹车，在修改后的《可再生能源法》中，对光伏补贴设定了 52 吉瓦"天花板"，也就是对超过 52 吉瓦的光伏发电不再提供补贴，并设立配套的光伏法削减补贴幅度。

在 2012 年补贴大幅削减之后，光伏发展一度陷入低迷，尤其是在 2014 年装机量出现断崖式下跌。德国光伏行业从业人员从 2010 年的 13.3 万人降至 2019 年的 3.5 万人。② 自 2012 年起，由于价格优势，全球的太阳能电池和模块主要在中国制造。曾经活跃在太阳能行业的 16 家上市公司，只有 3 家从破产中获救。2018 年，欧洲最大太阳能模组厂——"太阳能世界"也宣告破产。

但在气候变化压力的背景下，光伏产业的发展再次迎来机遇。德国机械设备制造业联合会的光伏设备生产委员会主席彼特·法思表示，各国政府和企业看到不断增长的市场，认为值得在当地建设太阳能厂并且将附加值留在本国内。欧洲光伏产业协会首席执行官沃尔布加·海梅森伯格认为，虽然欧洲太阳能产业自 2012 年起出现的断层给众人留下了难以磨灭的记忆，许多人依旧认为欧洲可能在光伏设备生产上"输给中国"，但欧洲将会改变这种思维。一方面，人们会意识到太阳能的价格有多么低廉，具有成为主要能源来源的潜能；另一方面，人们也会意识到，现在必须为气候保护进行投资。位于弗莱堡的弗劳恩霍夫太阳能系统研究所所长安德烈亚斯·贝特认为，除了不断增长且能创造就业机会的市场以及良好的销售外，在本地生产的光伏模块还拥有价格优势，这也意味着运输成本所占的比重将提高，在欧洲生产的成

---

① 《2020 年全球光伏行业发展现状分析　累计装机容量突破 600GW、德国光伏市场稳定增长》，国际太阳能光伏网，2020 年 5 月 14 日，https://solar.in-en.com/html/solar-2358988.shtml。

② 《德国光伏市场正在回暖，但为时已晚》，中华人民共和国商务部网站，2019 年 5 月 16 日，http://de.mofcom.gov.cn/article/jmxw/201906/20190602872297.shtml。

本不会比他国高。

其他研究机构的数据也显示，光伏发电的成本大幅降低。弗劳恩霍夫太阳能系统研究所的数据显示，2010—2021年间，新电池板的成本下降了约90%。根据安装的类型和阳光强度的不同，用太阳能电池板发电1千瓦时的成本不超过3.7欧分。英国的气候变化非政府组织"沙袋"的一项分析发现，成本下降如此之多，以至于德国拍卖会上新的太阳能（和风能）发电系统安装不仅比新的硬煤和天然气发电厂便宜，而且还低于现有的化石发电厂的运营成本。①

2020年7月6日，德国正式取消了52吉瓦的光伏补贴装机上限，延续了之前的光伏补贴政策，光伏行业的发展再次迎来新的契机。根据国际可再生能源机构的数据，2021年德国的装机容量增加了10%，也就是5.3吉瓦，② 这样全国装机总量接近60吉瓦，位列全球第四。弗劳恩霍夫太阳能系统研究所的数据则显示，2021年，光伏提供了德国大约10%的电力消耗，占全国可再生能源的比例为46%。③

2021年德国大选后，新的联合政府还决定将本国2030年的光伏装机目标从100吉瓦提高到200吉瓦。这意味着在10年内，还需部署约140吉瓦的光伏发电能力。这要求国内每年新增约15吉瓦光伏装机容量，并消除影响未来新增光伏装机量的各种限制因素。联合政府在协议中表示："我们将消除官僚主义障碍，开辟道

---

① "Solar power in Germany – output, business & perspectives", Clean Energy Wire, Apr. 13, 2022, https://www.cleanenergywire.org/factsheets/solar-power-germany-output-business-perspectives.

② "5.3GW of German solar installed in 2021", Renews. Biz, Jan. 3, 2022, https://renews.biz/74691/53gw-of-german-solar-installed-in-2021/.

③ "Solar power in Germany – output, business & perspectives", Clean Energy Wire, Apr. 13, 2022, https://www.cleanenergywire.org/factsheets/solar-power-germany-output-business-perspectives.

路，避免光伏安装商面临过重的财务和行政负担。我们认为，这也是一项针对中型企业的经济刺激计划。"①

四、生物能举足轻重

生物能是从太阳能转化而来的，其转化过程是通过绿色植物的光合作用将二氧化碳和水合成产生某种物质。生物能的使用过程又生成二氧化碳和水，形成一个物质的循环，理论上二氧化碳的净排放量为零，属于碳中和，是一种可再生的清洁能源。

生物能可以是固态的，也可以是液态的。人类很早以前就会利用生物能，比如钻木取火，当然现在人类利用生物能的效率要高得多，选择也要多得多。如今的生物能，可以用来发电，可以用于供暖，也可作为交通工具的燃料。与风能和太阳能对天气的依赖不同，生物能易于存储，具有随用随取的特点，因而对于稳定能源供应起着至关重要的作用。② 德国主要生物能包括木材、秸秆、垃圾填埋气体、能源植物、固态粪便等等。

德国有大量的农田提供生物能。德国生物能和农业产业是一个有机结合的循环系统，生物发电厂通过秸秆粪污发电，并形成沼液，再让沼液回到农田促进生态养殖。另外，德国做得好的农场，还会铺设管网向小区供电、供暖、供气，除了取得补贴收入之外，还能获得收益。

生物能的循环利用，需要产业链的紧密配套来实现，不仅仅是依靠政府支持，而是要让它能够真正地运行起来。同时，需要把产

---

① 《德国新联合政府希望十年内再部署 143.5GW 光伏发电量》，国际太阳能光伏网，2021 年 11 月 30 日，https：//solar.in-en.com/html/solar-2395099.shtml。

② "Bioenergy：Electricity, heating and cooling", German Federal Ministry for Economic Affair and Climate Action, https：//www.german-energy-solutions.de/GES/Redaktion/EN/Text-Collections/EnergySolutions/EnergyGeneration/bioenergy.html.

业链相关的主体连接起来，德国许多生物发电厂是由农场出资入股的，这大大降低了成本。比如，秸秆回收成本较高，农场主成为生物质发电厂入股方后，免去了秸秆成本。在德国，有部分农场，每公顷可以享受350欧元的补贴，但前提是用生态保护的方式经营农场，这是一种激励性政策。同时，对于种养混合型农场给予20%的建设资金补贴。总的来说，德国激励性政策力度更大，协同性也更强，比如沼气发电，电网会优先采购，并且价格高达4倍，这对促进沼气利用粪便非常有利。①

以2018年的数据为例，生物能占据德国全部初级能源消耗的8.4%，同时占据了当年全部可再生能源的60.2%，可见其分量之重。在德国的远景规划中，到2050年，生物能占全部初级能源的比重要达到26%。② 2021年新的联合政府成立后，进一步提高了生物能比重的目标，表示在2030年就要达到30%。其目标可谓雄心勃勃，能否实现，我们拭目以待。

政府对生物能的支持和补贴，尤其是建厂补贴和上网补贴，发挥了重要作用。德国政策法规体系的一个特点是平衡管理，也就是通过多领域的法律来共同管理，兼顾多重目标，比如《联邦土壤管理法》《循环经济废物管理法》《肥料使用法》《水资源管理条例》《可再生能源法》等，这些都对生物能的发展有影响。德国的相关法律大体分为两类：一类是约束性规定，另一类是激励性政策。对于粪污的处理和施肥管理都有明确的规定，什么时候用、用多少、哪块地能用等等，都有明确的规定和强制性要求。粪污处理

---

① 《德国生物质能产业对中国有何启示》，中国清洁发展机制基金网站，2019年1月7日，https://www.cdmfund.org/22241.html。

② "Bioenergy in Germany Facts and Figures 2020", German Federal Ministry of Food and Agriculture, https://www.fnr.de/fileadmin/allgemein/pdf/broschueren/broschuere_basisdaten_bioenergie_2020_engl_web.pdfhttps://www.fnr.de/fileadmin/allgemein/pdf/broschueren/broschuere_basisdaten_bioenergie_2020_engl_web.pdf.

方面，会根据农场土地面积和消纳能力来决定饲养量，比如每公顷可饲养猪 9—15 头，鸡 1900—3000 只，鸭 450 只，如果自有耕地无法消纳相应的禽畜类粪便，就必须要签订和提供相应的合同。①

第三节　能源转型经验

德国的能源转型取得了了不起的成就，在节能减排、提高可再生能源使用方面取得了全球领先地位。相关做法值得参考。

一、立法护航

德国非常注重将政策目标用法律的形式固定下来，作为实现的保障。这些法律主要包括以下方面：

（一）气候保护法

为实现气候保护的目标，2019 年，德国通过并生效《气候保护法》，规定应到 2050 年时实现碳中和，2030 年时应实现温室气体排放总量较 1990 年至少减少 55%，这是全球第一部具有约束力的气候保护立法。但之后德国联邦宪法法院裁定，该《气候保护法》的部分内容违反宪法，而且其中没有关于 2030 年后如何减少温室气体排放的具体规定，政府必须做出改进，立法机构必须在 2022 年底前完善相应法规。于是德国政府进行了修订，并于 2021 年 5 月获得通过。新法进一步提高了政策目标，规定到 2030 年，德国应实现温室气体排放总量较 1990 年水平减少 65%，高于原先

---

① 《德国生物质能产业对中国有何启示》，中国清洁发展机制基金网站，2019 年 1 月 7 日，https://www.cdmfund.org/22241.html。

设定的55%。与此同时,德国需在2045年实现碳中和,即温室气体净零排放,比原计划提前5年。[①]

对于一些具体领域,新法案也作出了明确规定。到2030年,能源行业将承担更多的减排量,由此前允许的1.75亿吨减至1.08亿吨。工业部门排放量由1.4亿吨减至1.18亿吨。到2030年,德国的能源部门的排放量应比2021年的排放量减少约60%,工业产生的温室气体排放量必须减少三分之一,而建筑物和运输产生的温室气体排放量则必须减少43%。[②]

(二)煤炭立法

德国的煤炭工业历史悠久,较早制定了相关法律进行规范。早在1919年,德国就制定了《煤炭经济法》,这是世界上第一部以"经济法"命名的法律。当时,德国刚刚在一战中战败,经济面临崩溃。为了挽救战后危机,扶持经济发展,德国立宪会议首先通过了《魏玛宪法》,在奉行"经济自由"的同时,确立了"社会化"原则,也就赋予了国家干预经济的权力,颁布了一系列经济法规。这些法律的主旨在于扶持垄断,对私有制实行限制,并授权政府对全国经济生活进行直接干预和管制。

当时的德国试图通过这些法律,凭借国家权力直接干预和控制经济,把贯彻社会化政策同保护私有财产、维护契约自由结合起来。《煤炭经济法》是其中的代表性法律,其目标在于确立煤炭产业的国家管制。关于煤炭使用的最新立法是2020年7月德国联邦议会通过的《退煤法案》和《加强煤炭地区结构调整法》。《退煤

[①] 《德国联邦内阁通过新〈气候保护法〉争取在2045年提前实现碳中和》,新浪网,2021年5月13日,https://finance.sina.com.cn/tech/2021-05-13/doc-ikmyaawc5146127.shtml。

[②] 《德国政府通过新〈气候保护法〉退煤时间表提前》,国际煤炭网,2021年5月14日,https://coal.in-en.com/html/coal-2594721.shtml。

法案》确定了德国逐步淘汰煤炭的具体路径和法律规定的最终日期。最迟退煤期限为2038年,如果定期审查认为可行,则可选择提前至2035年完成退煤。由于褐煤发电厂和采矿业对社会经济影响更大,因此与硬煤相比,褐煤的淘汰速度将相对缓慢。德国最后一个硬煤煤矿已于2018年停止运营。尽管硬煤开采在德国已不再具备经济性,但在做出退煤决定之际,褐煤仍具竞争力。《退煤法案》还规定了如何淘汰硬煤和褐煤,以及如何对强制关闭的燃煤电厂经营者提供相关补偿。[1]

《加强煤炭地区结构调整法》主要解决主产地矿区工人失业带来的经济困难问题。根据该法,德国政府向煤炭淘汰地区提供了高达400亿欧元的财政支持,其中的260亿欧元用于建设受影响地区的基础设施和新的研究设施,其余140亿欧元将分别用于褐煤矿区或受影响的联邦州的转型和发展,联邦州可以用这笔钱投资与商业相关的基础设施、当地公共交通、宽带和移动基础设施、环境保护和景观保护。此外,德国政府还单独设立了一个50亿欧元的专项基金,用于帮助煤炭行业老年雇员提前退休,58岁以上的员工可以获得最多5年的补偿金。这一方式不仅是为了缓解退煤地区的经济影响,还希望通过转型创造出更多的工作机会,最终实现比退煤之前更好的经济环境。[2]

(三)石油和天然气立法

20世纪70年代石油危机后,德国开始重视石油等矿物资源的立法。1974年10月20日,德国颁布了《在原油、矿物石油产品

---

[1] 《多元、合作、创新,共建"后煤炭时代":德国退煤计划与煤炭地区的未来》,https://www.energypartnership.cn/fileadmin/user_upload/china/media_elements/publications/2021/German_Coal_Phase-out_Factsheet_CN.pdf。

[2] 《"后煤炭时代"美、德、日退煤路径对比》,新浪网,2022年1月18日,https://finance.sina.cn/futuremarket/qszx/2022-01-18/detail-ikyakumy1175787.shtml。

或天然气进口受到危害或阻碍时保障能源供应安全的联邦法案》，即《能源供应安全保障法》。该法案授权联邦政府发布法令和规章来保障基本的能源供应。据此，德国政府先后颁布了多项规范矿物、石油、燃气和电力行业的详细法令，包括《电力供应保障法令》（1982年4月26日）和《燃气供应保障法令》（1982年4月26日），以应对和管理能源危机。1979年，德国政府对《能源供应安全保障法》进行了修改。

此外，1978年7月25日，德国联邦议院通过了《石油储备法》，决定建立石油储备联盟作为联邦直接的储油组织，负责具体管理联邦石油储备，并规定所有炼油厂、石油进口公司、石油销售公司及使用石油发电的电厂，均必须成为石油储备联盟的成员。1987年，德国对《石油储备法》作了修改，增加了石油储备联盟的储备义务，即按照上一年的进口量分别按汽油、中间馏分油和重油三个类别建立80天的储备。1998年，德国再次对石油储备法作了修正，将石油储备联盟的储备义务增加至90天。经过多年的发展，石油储备联盟已成为承担德国石油储备义务的主要力量。

在2022年俄乌冲突时，德国能源供应面临困难。在石油方面，由于有《石油储备法》的保护，该国的石油储量和供应相对充足，而天然气领域则缺少这样的立法，天然气储备量处于历史低点，有些储备点甚至几近枯竭，迫使德国在天然气领域也考虑类似石油的储备法，这也显示出立法对保障能源供应安全的重要性。2022年4月8日，也就是俄乌冲突发生1个多月后，德国联邦参议院通过了关于天然气存储设施最低存量水平的新规，于5月1日正式生效。根据新规，天然气存储运营商必须在10月1日前将其储气设施填充至容量的80%以上，11月1日前填充至90%以上，在每年的2月1日之前容量可以降至40%的水平。如果运营商未能达到该要求，德国政府将介入，剥夺运营商对储气设施的管理权。①

（四）可再生能源立法

德国《可再生能源法》于2000年出台，随后进行过六次补充修订。从几乎每3年一次的修订频率中，我们可以看到德国不断根据形势变化发展可再生能源的决心和耐心。比如，2004年，欧盟推出《可再生能源电力指令》，规划能源转型路径。针对于此，德国2004年修订的《可再生能源法》在进一步细化电价机制的基础上，积极落实欧盟的要求，设定了相应的阶段性目标：到2010年可再生能源发电量占发电总量的12.5%，到2020年达到20%。然而，德国可再生能源产业发展速度却被严重低估。2007年，德国可再生能源发电量占比达14%，超过设定的目标。同时，补贴政策却暴露出很大弊端。政府通过固定电价对市场进行干预，某种程度上扭曲了电力市场的正常运行。意识到这样的情况后，德国政府开始调整对可再生能源的支持力度，制定了更为合理的发展目标，建立起基于发电量的固定上网电价调减机制。②

另外，德国在2001年还颁布了《生物质能条例》。该法规在2000年《可再生能源法》的基础上，对促进生物质能发展进行了规范，鼓励生产和消费生物柴油，为生物质能的利用创造法制条件。此外，德国还通过免除配额、免税（如免征纯生物燃料或与矿物燃料混用的矿物油消费税）等政策性立法来鼓励生物柴油的生成。③

---

① 《为确保冬季天然气的供应　德国立法规定入冬前储气设施的最低存量》，新浪网，2022年4月9日，https：/finance.sina.com.cn/world/gjcj/2022-04-09/doc-imcwipii3176732.shtml。

② 《回顾｜德国〈可再生能源法〉的六次修订》，国际能源网，2021年6月17日，https://www.in-en.com/article/html/energy-2305149.shtml。

③ 张白灵：《国外促进生物质能开发利用的立法政策及对我国的启示》，http://www.chinaeol.net/zyzx/sjhjzz/zzlm/tszs/201412/W020180903671214491283.pdf。

（五）节约能源立法

德国一直重视能源节约和能源效率的提高，并制定了较为完备的相关法律：1976 年制定《建筑物节能法》，首次以法律形式规定新建筑必须采取节能措施。对新建筑的采暖、通风、供水设备的安装和使用等均做了节能角度的要求；[①] 1977 年制定《建筑物热保护条例》，提出了详细的建筑节能指标。该条例在 1982 年、1995 年和 2002 年进行了修改；1978 年制定《供暖设备条例》，并在 1982 年、1989 年、1994 年和 1998 年进行了修改；1981 年制定《供暖成本条例》，并在 1984 年和 1989 年进行了修改。

2002 年 2 月 1 日，德国颁布了《节约能源条例》，取代了之前的《建筑物热保护条例》和《供暖设备条例》，对新建建筑、现有建筑和供暖、热水设备的节能进行了规定，制定了新建建筑的能耗新标准，规范了锅炉等供暖设备的节能技术指标和建筑材料的保暖性能等。

（六）核能立法

德国很早就有专门的核能立法。德国政府在 1958 年就颁布了《原子能法》，该法是德国核能立法的主要法律，与后来的《放射性物质保护条例》《核能许可程序条例》等共同构成德国的核能安全与核利用法律体系。根据《原子能法》，德国联邦环境、自然保护、核安全和消费者保护部是监管核能设施和许可核能利用的主要政府部门。德国核能政策的重大调整也是通过立法形式进行的。2002 年，德国联邦议会通过了《有序结束利用核能进行行业性生

[①] 陈文等：《房地产开发建设适应低碳经济发展要求相关法律问题研究》，https://www.fahejia.com/view?id=8aa3b404140f4adbb293b1fc6dbc37f3&userid=f857d11f3726422c9cbd1164d8c2af9a&type=2。

产的电能法》，正是根据这一法律，默克尔执政时期决定 2022 年底彻底关闭所有核电站。

（七）生态税收立法

为了防止自然资源的过度利用和减少温室气体排放，德国还注重通过税收手段来提高能源价格，促进自然保护。1999 年，德国颁布了《引入生态税改革法》，并以此为基础进行了一系列的生态税收改革，对矿物能源、天然气、电等征收生态税。同时，对使用风能、太阳能、地热、水力、垃圾、生物能等可再生能源发电则免征生态税，鼓励开发和利用清洁能源。2003 年，德国颁布了《进一步发展生态税改革法案》，强调税收从依劳动力因素负担逐渐转换到依环境消费因素而定。生态税开征以来，对德国能源结构的改善和温室气体减排起到了很大的推动作用。[1]

二、经济补偿

能源转型意味着产业转型，被淘汰产业肯定会有经济损失，在选举政治体制下，也势必带来政治影响，涉及政府的支持率和选票。所以，政府在制定和执行能源转型政策的过程中，也非常注意对被淘汰产业给予一定的补偿和帮助，以减缓能源转型对相关行业和人员的冲击，同时也减少实现政策目标的政治阻力。

比如《退煤法案》规定了如何淘汰石煤和褐煤，以及如何对强制关闭的燃煤电厂经营者提供相关补偿。

一方面，制定燃煤电厂退役补偿招标竞价机制。2020—2027 年，德国联邦网络局作为执行监管机构，组织石煤燃煤电厂退役

---

[1] 《德国能源立法和法律制度借鉴》，国际煤炭网，2010 年 1 月 5 日，https：//coal.in-en.com/html/coal-545871.shtml。

的补偿招标竞价，其中最高投标价格将从2020年的165欧元/千瓦到2027年的89欧元/千瓦，逐年下降。招标结束后，输电网运营商会检查中标电厂的退役是否会影响电力系统的稳定性，只有在确认无负面影响的情况下，标电厂才能退役。如果招标总额未被满额认购，将强制关闭运行年限长且效率低的燃煤电厂，且这部分强制关闭的电厂将无法获得退役补偿。从2028年起，无退役补偿，根据电厂运行年限长短逐步退役的路径将取代补偿招标机制。

另一方面，政府提供补助。德国政府对现有的热电联产设备，从燃煤（包括褐煤）到使用废弃物、生物质、气体或液体燃料的转换提供一次性补助，额度为每千瓦5—390欧元不等。德国联邦政府与几大褐煤电厂运营商于2021年2月签署了公私合作协议。协议规定了共计43.5亿欧元的补偿金，从第一个燃煤电厂片区退役开始，按15个年度等额支付。燃煤电厂运营商必须用这些补偿金来支付其露天褐煤矿的修复费用。作为交换，煤电运营商同意放弃国家或国际法庭上对《退煤法案》的诉讼权。

另外，德国政府也十分注意能源转型过程中的就业问题，努力寻找新的就业机会。还是以煤炭行业为例，据欧盟统计局数据，鲁尔区的失业率（6.3%）远远高于全国平均水平（3.4%），其所能提供的就业岗位从20世纪50年代末鼎盛时期的60万个，到2017年末减少至5700个，且大部分岗位都在2018年便被关停的普洛斯普哈尼尔煤矿。在关闭煤矿成为不可逆转的大势之后，鲁尔区着眼未来，从数字产业寻找就业机会，发现自身拥有的传统工业企业积累了巨大的有关勘探和经营的数据库，并亟须数字科技和解决方案帮助其变得更具效率。为此，当地公司和发展协会联合发起了数据中心计划，科技初创公司对老工业企业的数据库获取权限进行投标，通过利用和分析数据，开发多样化的商业服务以及以数据为导向的创新方案。①

三、扶持经济转型

德国的退煤举措将对三个褐煤矿区当地的社会经济产生重大影响，即卢萨蒂安区、德国中部地区和莱茵区。

近年来，德国传统煤矿地区一直致力于探索能够成功实现地区结构转型的发展战略。其长期愿景是保持德国能源供应关键区位优势，发展成为科研、教育和创新的引领中心，同时提升区域工业和商业经济竞争力。其中，推动数字化发展、加强物流、农业商业化和汽车产业是上述三大传统煤矿地区转型战略的组成部分，同时确保对基础设施建设进行投资。为实现这些目标，传统煤矿地区希望利用其在能源领域的现有知识，促进以实践为导向的相关研究。此外，保障和提升当地居民生活质量、促进文化多元发展也是这些地区的转型目标。

2020年通过的《加强煤炭地区结构调整法》对三个德国褐煤矿区结构转型的配套支持措施进行了规定。支持措施包括：提供140亿欧元用于支持地方政府管理的投资和项目，以及260亿欧元用于支持联邦政府提出的到2038年前需落地的措施。该法律不仅旨在缓解退煤带来的区域经济影响，还希望创造更多机会，实现比退煤前更好的区域经济状况。由地方政府支持的项目应与德国的整体可持续发展战略保持一致，并促进当地经济的多元化。由联邦政府支持的项目包括对基础设施、创新研究、政府机构、交通和数字基础设施的投资。此外，对原硬煤发电厂经济依赖程度较高的社区，可以获得高达10亿欧元的政

---

① 《德国关闭境内最后一座硬煤矿：同是铁锈区，看看德国人怎么搞？》，第一财经网，2018年12月25日，https：//www.yicai.com/news/100086381.html。

府补贴支持。① 同时单设一个50亿欧元的专项基金，用于帮助褐煤行业的老年雇员提前退休，从2021年5月起，58岁以上的员工可获得最多5年的补偿金。②

第四节 面临的挑战

在应对气候变化和能源转型方面，德国确实取得了很多瞩目的成就，德国的步伐迈得非常快，但要实现雄心勃勃的目标，也面临十分严峻的挑战。

一、放弃核电引争议

在气候变化和可再生能源领域，德国在很多方面都起着领头羊的作用，但在弃核方面，德国的跟随者并不多，德国的政策也面临着争议，给德国带来一些困难。

前面我们提到，德国的弃核声音由来已久，但最后拍板弃核时间表的是默克尔政府。在默克尔卸任时，对其16年总理生涯，一个被广泛认可的评价就是，这位总理善于危机管理，但不善于战略设计。在核能问题上，似乎也是如此。放弃核能虽然可以让德国在处理核废料问题上松一口气，但随之而来的其他棘手难题，似乎并没有让德国总体上的压力变小。

---

① "Strukturstärkungsgesetz Kohleregionen"，Bundesministerium für Wirtschaft und Energie，Sep. 24，2020，https：//www.bmwi.de/Redaktion/DE/Textsammlungen/Wirtschaft/strukturstaerkungsgesetz-kohleregionen.html.

② 《调整资金：BAFA向褐煤工业的雇员支付补贴》，德国联邦经济和出口管制办公室，2021年5月5日，https：//www.bafa.de/SharedDocs/Pressemitteilungen/DE/Energie/2021_07_braunkohle.html。

核电问题，不仅在德国内部存在争议，还引起了欧盟国家间的明显分歧。2020 年新冠疫情暴发后，欧盟经济陷入史无前例的衰退，也出台了史无前例的"复苏基金"计划，规模达 7500 亿欧元，而且其中相当一部分是赠与的形式，而不是通过贷款的方式。关于这笔资金，欧盟的初衷就是用于引领未来的经济发展，一个重要组成部分就是绿色发展——支持能源转型，降低温室气体排放。

这笔资金来之不易，但一个有争议的地方是，核能和天然气是否属于可持续能源，是否应该得到欧盟资金的支持。根据欧盟委员会的提案，这两项归类于"可持续能源"，在 2045 年之前发放的新核电站许可证应属于所谓分类条例的范畴，其建设能得到相应的补贴。对于这一方案，有国家支持，也有国家反对。

如果欧盟委员会的这一提案得到实施，就相当于向金融市场推荐投资核电站。推动这项提案的主要是传统上严重依赖核电的法国。法国自 2022 年 1 月 1 日起担任欧盟轮值主席国，加上波兰、捷克、匈牙利、保加利亚、罗马尼亚等 10 个国家呼吁欧盟委员会认可核能是可持续能源，并且呼吁将天然气发电厂也纳入绿色产业之中。这些国家称，如果不这样做的话，他们将无法实现至 2030 年让二氧化碳排放量比 1990 年减少 55% 的目标。

德国环境部部长、绿党政治家施特菲·莱姆克立即对该提议提出批评，表示这是完全错误的。她认为，核能可能导致环境灾难和大量的核废料，欧盟此举正在制造巨大的危险，让投资向危险的核能倾斜，从而影响对真正有未来的、可持续能源的投资。她还表示，将天然气纳入绿色能源也是有问题的，德国将迅速审查欧盟的提案，并与欧盟协商。

德国绿党联席主席、经济和气候保护部部长罗伯特·哈贝克称该计划为"洗绿"，是给可持续性的良好标签"掺水"。但是德国财政部部长、自由民主党主席林德纳表示，他原则上对欧盟委员会将天然气发电厂列为绿色能源的建议持肯定态度，因为德国事实上正在放弃煤炭和核电，需要现代化的天然气发电厂作为过渡性的能源。

欧盟委员会将部分核能和天然气归类为绿色能源的计划，也遭到奥地利方面的强烈反对。2002年，奥地利气候保护、环境、能源、交通、创新技术部部长莱昂诺尔·格韦斯勒批评说，欧盟委员会想通过"夜雾行动"来推动这一计划，如果欧盟委员会真的执行这一计划，奥地利将提起诉讼，因为核电是一种过时的技术，它对人类和环境的危害已被清楚地记录，依靠核电站帮助人类应对气候危机的成本太高，速度太慢，因此没有未来。反对绿色核能的国家除了德国和奥地利外，还有丹麦、西班牙、葡萄牙、希腊和波罗的海国家（爱沙尼亚、拉脱维亚和立陶宛）。

在核能是否属于可持续能源问题上，欧盟由多数机制投票决定，德国并没有一票否决权。因而，如果欧盟委员会的建议获得通过，德国可能只能眼看着其他国家使用欧盟资金来发展核能，而德国又是欧盟资金的最大贡献者。也就是说，德国自己弃核，但却在出钱帮助其他国家发展核电，甚至未来还可能通过欧洲电网从其他国家进口核电，那德国弃核的意义有多大呢？

2022年2月俄乌冲突发生后，国际能源价格大涨，德国以及其他欧洲国家不仅通胀飙升，甚至面临能源供应不足的风险。这时，德国的弃核政策再次引起讨论。当年4月，也就是军事冲突发生2个月左右，战事前景不明朗，德国的能源供应已经成为棘手难题。这时有一个颇为流行的代表性观点，呼吁德国放弃2022年底关闭剩下的3座核电站的计划，延长其使用年限，甚至重新开启之前关闭的几座核电站，这样不就可以降低对俄罗斯的能源依赖，进而解决问题了吗？

这种观点的出现体现出德国能源供应的尴尬处境，但延长核电站的使用面临着多重难题。第一个是政治上的难题。当年议会作出弃核决定的时候，在议会是有广泛支持的。如果重启核电站，意味着弃核是个错误，政治上意味着自我否定。尤其是对绿党而言，该党不仅一直强烈支持弃核，还占据着新政府经济和气候保护部部长职位，很难想象绿党会支持重启核电。所以，政治家们似乎有必要把弃核政策执行下去。

　　第二个是技术问题。自从默克尔政府做出弃核决定后，核电站已经逐步关闭，目前所剩的3座核电站装机容量4.3吉瓦，年发电量30太瓦时，只占德国电力供应的5%。也就是说，核电对德国能源的重要性已经严重下降，即便保留这3座核电站有利于缓解德国能源供应紧张，所能发挥的作用也非常有限。

　　第三个是风险问题。核电站非同小可，必须要保障绝对安全。目前使用的3座核电站最近一次安全检查是2009年，要延长服役期限，必须根据最新形势重新进行风险评估，包括多项安全和技术标准，势必是一个繁琐冗杂的过程。尤其是在俄乌冲突中，扎波罗热核电站就受到火力威胁，甚至影响到了对切尔诺贝利的电力供应。欧洲有担忧认为，德国的核电站也要考虑这些外部风险。

　　第四个是燃料供应问题。核电需要铀，装配新的铀燃料棒需要12—15个月的时间。德国总理朔尔茨打比方说，给核电站加燃料"并不像给汽车加油那么简单"。而且，俄罗斯又是欧洲核电站铀燃料棒的主要提供者。

　　第五个是企业经营意愿。核电站的运营商似乎对于继续运营已经动力不足。他们认为，延长运营缺乏稳定的法律框架，政策又变来变去，企业无意承担这样的风险，已经对政府失去信心，但如果在紧急情况下确实需要这样做的话，他们会明确要求政府承担所有的风险和成本。①

　　2022年11月，德国联邦议会通过了总理朔尔茨推动的议案，

---

　　① "Why Germany is resisting calls to ease energy crunch by restarting nuclear power", Financial Times, Apr. 20, 2022, https：//www.ft.com/content/229c21c7-991c-4b44-a2f9-20991670a4ba.

将德国剩余的 3 座核电站运营时间延长至 2023 年 4 月 15 日，目的是确保俄乌冲突发生后的第一个冬天，也就是 2022—2023 年冬天，德国能够有足够的电力保障。由于绿党对核电的抵制态度，德国对核电站的延长只能是暂时的。①

二、确保能源供应稳定

尽管煤电和核电将逐步退市，但德国能源供应的安全性和可靠性必须得到保障。德国也有自己的能源安全战略，由一系列要素组成。

一是退出煤电要把握节奏。为了避免可用电力容量的急剧下降，退煤过程将在较长时间期限内逐步推进。德国联邦网络局是德国能源供应网络运营商的监管机构，至少每两年进行一次彻底审查以确保电力供应的安全。

二是老的厂房设备尽量充分利用。比如，旧电厂可以作为能源储备电厂。已淘汰的燃煤电厂，可加入德国的能源供应储备电厂行列，其中包括不再参与常规电力和平衡电力市场的发电厂，在预计出现发电瓶颈时，这些电厂可在相对较短的时间内实现随时调度的状态。

三是建立备用供应储备机制。如果电力市场无法满足需求，德国拥有三种可以稳定电网的能源供应储备机制，即容量储备、电网储备（应对冬季电力需求旺季），以及当前两种储备不足时可以调用的安全储备。作为电网储备的电厂会收到政府补贴，以维持待运期间的成本。

---

① "German parliament approves nuclear plants life extension", Deutsche Welle, Nov. 11, 2022, https：//www.dw.com/en/german-parliament-approves-nuclear-plants-life-extension/a-63721032.

四是保持电力系统灵活性。以可再生能源为基础的电力系统良好运作的关键指标是电力系统灵活性。长期和短期储能有助于满足电力需求,德国电力市场向需求侧提供价格信号以减少灵活荷载,使电力消费转向电力供应更充足、电价更低的时间段。①

三、风力发电不稳定

风力发电看起来非常绿色环保,但实际上反对的声音也不少,近年来也受到了一定的阻力。2019 年德国仅安装 150 台风机,总装机容量仅 514 兆瓦,与之前 5 年的平均水平相比下降了 80%,新增装机容量更是降至 20 年来最低点。

第一,反对人士认为,风电危害鸟类等野生动物安全,也会危及地下水。其认为,本国已建设超过 3 万台风机,是时候停止建设了。在距离柏林不远的施维洛湖附近,就有一片风电场,当地居民为了避免涡轮伤及鸟类,风机只能在晚上运转,这自然让发电量大打折扣。

第二,反对人士还认为,纵使德国政府花大钱进行能源转型,但以目前结果来看,其实也没有提高能源供给安全性与实现有效减碳,装设风电机组的风险与回报并不成比例。

第三,风力发电行政程序繁复,而且土地面积不足。德国风电行业组织表示,缺乏许可证和风电用地仍然是新涡轮机建设的主要障碍,他们敦促联邦政府和各州加强协调,精简和消除监管障碍。②

陆上风电方面,德国在 2020 年得到了期待已久的提振,当年德国新增风电装机容量 1.4 吉瓦(420 台风机),比前一年猛增

---

① 《多元、合作、创新、共建"后煤炭时代":德国退煤计划与煤炭地区的未来》,https://www.energypartnership.cn/fileadmin/user_upload/china/media_elements/publications/2021/German_Coal_Phase-out_Factsheet_CN.pdf。
② 《德国风能装机量创 20 年新低》,国际新能源网,2020 年 3 月 2 日,https://newenergy.in-en.com/html/newenergy-2373358.shtml。

46%。但鉴于陆上风电是德国将可再生能源份额至少提高到65%的最重要技术，距离这一目标而言，当前风电发展速度仍然太慢，远远落后于实现该国雄心勃勃的可再生能源发电目标所需的水平。德国风电行业协会预计，要实现2030年的目标，并满足不断增长的绿色电力需求，每年大约需要5—6吉瓦的新增陆上风电装机，到2030年风电总装机容量需要达到95吉瓦。[①]

海上风电方面，2022年1月13日，总部位于不来梅港的德国海上风电网络组织联合其他几家德国风能行业组织和协会，联合呼吁德国新政府在未来几年，加快并更均匀地分配其海上风电扩张目标，以及要求增加德国风电行业的就业机会。德国风电统计数据显示，由于错误设定的政治框架条件，2021年全年德国在北海和波罗的海都没有新的海上风电装机。2021年，德国拥有1501台海上风电机组，装机容量为7794兆瓦，大大落后于英国。德国风能协会、德国海上风电场运营商协会、海上风能基金会、德国机械设备制造业联合会电力系统以及德国海上风电网络组织共同发表声明表示，只有德国海上风电招标量显著增加，才能更快地推动海上风电建设活动的开展。虽然新执政联盟协议中设定了海上风电扩张目标，但必须尽早纳入到德国《海上风电法》之中。上述组织发布的一份报告显示，避免在2030年前出现扩张瓶颈也非常重要，因为其他国家也都增加了各自的海上风电扩张目标，很有可能在德国出现供应链方面的瓶颈，甚至会对风电产能的规划带来挑战。[②]

此外，风力发电还要看天气，而天气却有不确定性。2021年电力价格高，一个因素就是风力不够。据统计，德国海上风电场在2021年上半年的发电量为11.49太瓦时，比2020年同期减少了约

[①]《2020年德国风电新增1.4吉瓦，但未来发展受限于"路条"》，国际风力发电网，2021年1月29日，https：//wind.in‑en.com/html/wind‑2398442.shtml。

[②]《德国风电业界敦促新政府加快海上风电扩张》，国际风力发电网，2022年1月18日，https：//wind.in‑en.com/html/wind‑2414842.shtml。

16.3%,主要是因为风力减少所致。① 而未来的天气和风力如何,谁又能预料呢?至少难以把握主动权。

四、水电提升空间小

从图3-4中我们也可以看到,德国的水力发电供电量基本保持稳定。但由于水力资源有限,而且已经基本被利用,这也意味着水力发电的增长空间有限,德国政府近年的主要目标也并非是大幅增加水电站数量,而是在现有水电站基础上做好升级改造工作。

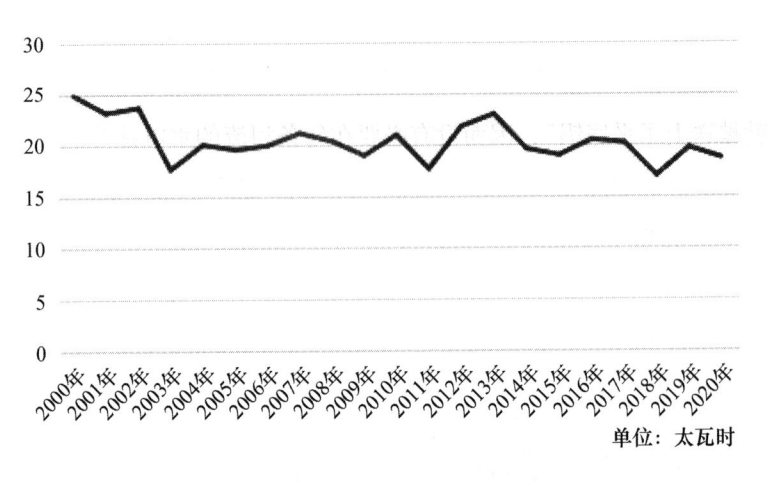

单位:太瓦时

图3-4 德国水电供应量(2000—2020年)

数据来源:"Gross electricity generation from hydropower in Germany from 2000 to 2022", Statista, https://www.statista.com/statistics/737606/electricity-generation-hydropower-germany/。

但重新恢复旧水电站的运营在德国存在一定争议。水利部门、渔民和环保人士希望尽可能减少为发电而修筑拦河坝,他们担心水电站会破坏河流鱼类种群的生存环境。在他们看来,只有尽可能恢

---

① 《2021年上半年德国风力发电量减少的启示:为何应更多发展海上风电?》,国际风力发电网,2021年7月28日,https://wind.in-en.com/html/wind-2405023.shtml。

复河流的自然面貌，才有助于鱼类洄游。洄游的鱼，如鳟鱼或鲑鱼都是在河流上游产卵孵化，然后返回海中生长。

主张发展水电的人认为，100年前，尽管德国的水力发电量是今天的10倍，但是河流中的鱼类数量仍比今天多10倍，鱼类生存的最大威胁主要来自农业使用的化肥和农药以及污水中的化学物质。欧洲可再生能源协会主席阿克塞尔·伯格甚至指责渔民联合会以不切实际的论据阻碍发展水电，并表示："这些河边垂钓爱好者试图愚弄我们，称水域养殖鱼类尤其有助于生态，实际上他们是为了挽救自己的爱好，而我们负担不起气候变化的代价。"伯格主张加强利用德国的水力资源，认为德国河流中80%—90%的鱼是养殖鱼，而不是野生鱼，渔民和垂钓者春季将幼鱼放入水中，秋季捕捞垂钓，"然后就被送上了平底锅"，因而没有必要在每条河流的水电站旁为洄游鱼类设立昂贵的过坝鱼梯，要设也只设在还有洄游鱼类的河流。

为了解决这一问题，2020年，德国还在巴伐利亚的洛伊萨赫建立了世界上第一个轴式水电站，其涡轮机隐藏在河床的竖井中。这个竖井水力发电站的概念是由慕尼黑工业大学开发的，科学家们说，它可以让鱼类在向下游迁徙时自由地经过发电厂。[①] 效果究竟如何还有待观察，但是不论如何成本是要上升的，由此可见水力发电在德国存在困难。

五、能源需求估算偏低

对于德国2021年版《可再生能源法》的规定是否足以实现保护气候的目标，目前还存有疑虑。比如，该法强调到2050年所有

[①] "TUM debuts new 'shaft hydropower plant' in Germany", Hydro Review, Jul. 20, 2020, https://www.hydroreview.com/environmental/tum-debuts-new-shaft-hydropower-plant-in-germany/#gref.

电力行业和用电终端实现碳中和，为此规定到 2030 年，使陆上风电累计装机容量达到 71 吉瓦、海上风电达到 20 吉瓦、光伏发电达到 100 吉瓦、生物质能达到 8.4 吉瓦，并为可再生能源设定了详尽的年度发展路径。对于这一路径，目前舆论普遍认为，此次目标设置过于保守，远远不够实现缓解气候变化的目标。据德国能源和水利协会测算，德国陆上风电年度新增装机容量需维持在 3.7 吉瓦以上。弗劳恩霍夫太阳能系统研究所的研究结果表明，至 2030 年，德国光伏发电必须保证 10—14 吉瓦的年度新增装机容量，如果目标与实际情况差异过大会令各界难以接受。①

此外，还有德国未来所需能源的估算是否偏低的问题。对于 2030 年前德国联邦经济部对所需能源的估算，其基础是保持不变的，也就是每年 580 太瓦时，理由是此前 10—20 年的电力需求基本保持在这一水平。但这一估算受到了很多行业内专家的质疑。曾任职于德国监督能源转型专家委员会的维罗妮卡·格里姆教授预计，2030 年德国实际电力需求会远高于政府估计的数字，至少也需要 650 太瓦时，德国的能源转型智库也认可这一数字，科隆大学的能源经济研究所认为是 685 太瓦时，德国可再生能源协会认为是 745 太瓦时，弗劳恩霍夫太阳能系统研究所认为是 780 太瓦时。从上面可以看出，政府的预计与其他科研机构的预期有 70—200 太瓦时的差距。专家们的理由是，电动汽车的发展会导致对电力的需求增加。另外，减少化石能源的使用需要更多的合成能源，比如氢，而绿氢的生产需要电力。虽然政府意在提高能源使用效率，但这都不足以补偿需求的增加。②

---

① 《回顾德国〈可再生能源法〉的六次修订》，国际能源网，2021 年 6 月 17 日，https：//www.in - en.com/article/html/energy - 2305149.shtml。

② "How much power will Germany need for its energy revolution?", Deutsche Welle, Jul. 1, 2021, https：//www.dw.com/en/how - much - power - will - germany - need - for - its - energy - revolution/a - 58116209.

另外，德国雄心勃勃的缓解气候变化和能源转型目标能否实现还是个问题。英国《金融时报》分析认为，在2011年日本福岛核反应堆事故以及德国计划到2035年淘汰煤电之后，德国加速转向可再生能源，但即便如此，德国仍落后于欧盟同行。德国的人均温室气体排放量高于欧盟平均水平，可再生能源的份额较低，新的客用车辆二氧化碳排放量也较高。①

六、地缘政治风险上升

从前面的分析我们可以看出，德国作为世界第四大经济体，尤其是作为工业强国，对能源自然有着强大需求，这与日益紧张的国内能源供给形成强烈矛盾，尤其是加上气候变化压力，德国制定的弃核、弃煤政策，必然导致其对国际能源市场依赖进一步增强，这又势必受到地缘政治的影响。20世纪70年代后，德国吸取了石油危机的教训，减少了从中东和欧佩克国家的石油进口，取而代之的是增加了对俄罗斯的能源依赖。自2012年以来的数据显示，来自俄罗斯天然气的供应份额从40%攀升至55%，在石油进口份额方面从38%上升到42%。21世纪的现实是，俄罗斯也存在严重的地缘政治风险，其风险甚至超过中东国家。

德国和俄罗斯虽然在能源领域合作比较多，但德国作为西方世界的一员，与俄罗斯在价值观、外交事务方面的分歧确实是巨大的。2014年乌克兰危机后，德国也和其他欧盟国家一起对俄罗斯进行了制裁，但德国并没有放弃对其至关重要的北溪2号的建设，这也是默克尔任内一个有争议的项目。有批评认为这增加了德国对俄罗斯的能源依赖，在2022年俄乌冲突时，北溪2号再次成为了

---

① "The Merkel era in charts: what changed in Germany?", Financial Times, Sep. 20, 2021, https://www.ft.com/content/259523b5-a24e-426e-8167-a421cec8ceed.

各方博弈的筹码。

2022年初，具体说是1—2月，当时的形势是，俄罗斯已经向乌俄边境集结了10万部队，地区形势紧张，各方加紧博弈和斡旋。

北约国家为给俄罗斯施压，威胁俄罗斯一旦对乌克兰动武，将会导致严重的后果。俄罗斯则反唇相讥，认为多年来西方国家一直在制裁俄罗斯，但没有产生它们所期待的效果。关于这一次，各方也在猜测，如果俄罗斯真的动武，西方将会采取何种反制措施呢？地区局势紧张了几个月，西方在表态方面虽然很严厉，反复强调"西方团结""后果严重"等字样，但在具体措施方面一直含糊其辞。

经过一段时间的博弈，大家发现，自从2014年乌克兰危机后，俄罗斯似乎有意识地降低了对西方的经济依赖，尤其是在金融领域。比如2022年初的数据显示，俄罗斯中央银行的外汇储备比2015年增加了70%，价值6200亿美元；2017年俄罗斯成立了国家财富基金，当时规模为700亿美元左右，得益于高油价和天然气价格，2021年已经增长至近2000亿美元；俄罗斯发行的政府债券中，外国投资者所占的比例降到了20%，而这一数字在2020年初的时候高达35%左右；政府债务占GDP的比例只有20%；企业从国外的借款2014年为1500亿美元，2021年则降到了800亿美元。[①]

所有这些措施，似乎都在帮助俄罗斯在面临来自西方新的制裁时，表现得更有韧性。而西方国家，尤其是欧盟和德国，对俄罗斯的能源依赖不但没有降低，反而在增加。制裁俄罗斯的抓手不多，最有力的武器似乎就是北溪2号。2022年2月上旬，德国新总理朔尔茨访问美国期间，美国总统拜登表示，如果俄罗斯入侵乌克

---

① "Moscow's sanction-proofing efforts weaken western threats", Financial Times, Jan. 18, 2022, https://www.ft.com/content/a2eaba73-cec8-4a0f-b991-7de558bb0ee1.

兰，北溪 2 号将"不复存在"，还强调说"我保证我们能够做到这一点"。①

美国总统拿北溪 2 号作为制裁工具似乎说得比较轻松，那是因为其不是美国的项目。该项目如果投入运营，最高每年可输送 550 亿立方米的天然气，相当于德国每年天然气消耗量的 60%。2022 年，德国的天然气储备已经降到了历史最低水平，很多德国人可以说对北溪 2 号望眼欲穿。2022 年 1 月 26 日，德国矿业、化学和能源工业联盟协会主席瓦西里亚迪斯警告，如果放弃俄罗斯天然气，德国则需要耗费"大量的努力和资金"来满足其天然气需求，即便供应不会立即出现问题，也需要付出高昂的代价，"后果将会很严重"。②

总理朔尔茨作为上届政府的财政部部长，自然清楚北溪 2 号对德国经济的意义，但又面临着俄乌紧张局势和其他西方国家的压力。2022 年 2 月是朔尔茨任总理后第一次访美，就面临这样大的压力，可以说是非常的被动和尴尬，因此不好表态，整个访美期间对这一项目只字不提。新闻发布会上被记者追问时，也没有正面回应。北溪 2 号作为俄罗斯与西方博弈的筹码，其命运已经不全掌握在德国人的手中，这是德国人不得不面对的风险。

此外，乌克兰局势升级可能与德国国内政治有关。从时间点上看，在 2014 年乌克兰危机发生以后，此次俄乌关系再次紧张，正是出现在 2021 年 9 月德国大选之后。有分析认为，这并非是巧合。大选结果显示，虽然社会民主党获胜，但所得席位并没有压倒性优势，组阁过程预计艰难，即便组阁成功，社会民主党也处于弱势的

---

① "US and Germany struggle to present united front on Nord Stream 2", Financial Times, Feb. 8, 2022, https://www.ft.com/content/d8216f03 - 904f - 44ce - ac92 - 43969dd6adc4.

② 《德国行业协会警告：放弃俄罗斯天然气会带来严重后果》，国际燃气网，2022 年 1 月 27 日，https://gas.in - en.com/html/gas - 3653149.shtml.

领导地位，各项政策受到其他党派掣肘，重大问题上难以拿出强有力的决定，包括放弃已经投资巨大且对德国经济至关重要的北溪2号。

组阁过程比较顺利，由于社会民主党是上届政府的执政党，其对北溪2号项目的态度也是积极的，社会民主党的前主席和德国前总理施罗德还在俄罗斯国家天然气公司任职。这些似乎都给了俄罗斯信心，认为德国很难做出牺牲北溪2号的决定。当然还有其他因素，比如天然气价格持续居高不下，也让博弈的天平更多向俄罗斯一边倾斜。

不论如何，北溪2号这一能源工程，其初衷是缓解德国以及欧洲的天然气供应难题，但却被赋予了太多的地缘政治使命，和俄罗斯与西方关系有关，和德国国内政治有关，同时也和美欧关系有关。众所周知，美国一直对北溪2号持反对态度，特朗普任内让这一项目暂停了相当长一段时间，在拜登总统上台美欧关系有所缓解后，美国才同意这一工程继续施工。但施工刚结束就遇到了俄乌冲突，美国出于政治原因又要把这一工程作为制裁工具，北溪2号可谓命运多舛。除了政治考虑外，能源上美国也是不愿见到北溪2号的，因为美国是液化天然气出口国，与北溪2号存在争夺市场的竞争关系，这是美国人不方便公开说的考虑。

此外，对于2011—2012年欧洲天然气价格飙升，有观点认为，是俄罗斯有意识地控制对欧洲的天然气输送量，也就是说，除了合同上必要的输送量外，没有增加新的输送，而此前一般都会有。俄罗斯有意制造欧洲市场的天然气供应不足和价格上升，进而为北溪2号顺利建成和通过欧盟、德国的审批铺路。

总之，北溪2号被多重政治因素裹挟，其前途命运存在重大不确定性，恐难以成为德国天然气供应的有力保障。2022年2月之后，俄罗斯在乌克兰的军事行动让德国重新系统性地思考对俄罗斯和俄罗斯能源供应的信任。北溪2号被搁置，虽然德国政府有些不情愿，但在国内外政治压力下，短期内要让北溪 2 号投入运营是不可能的。2022 年 9 月北溪天然气管道的意外爆炸，似乎终结了这些讨论。

欧盟作为一个整体决定逐步减少对俄罗斯的能源进口，这在一定程度上影响了德国。鉴于德国从俄罗斯进口的能源量巨大，要削减这一进口势必导致整个国家能源结构的大调整，牵一发动全身，对各种能源的使用又重新回到讨论中来。按照德国联邦经济和气候保护部的说法，所有的选项都需要讨论，① 比如关闭核电站的计划是否延期，是否至少在短期内再增加煤炭的使用量，是否增加液化天然气进口量，等等。每一个问题都十分复杂，每一个调整都涉及其他政策目标，比如，如果增加使用煤炭，那么气候变化的目标怎么办？核能的使用需要长期规划，目前德国仅剩下 3 座核电站，且原计划 2022 年底就关闭，不是短时间内就能调整的。

液化天然气的高价格国内是否能够承受是一大问题，而且需要建设接收站等基础设施（与荷兰等邻国不同，德国在其沿海地区没有一个液化天然气接收站），时间周期长，仅液化天然气接收站的批准程序就需要数年时间。此外，天然气也是化石能源，长远看要实现延缓气候变化的目标，天然气的使用也是要减少的。即便在短期内增加使用可以接受，来自美国的液化天然气数量也肯定是不够的，可能需要从卡塔尔等中东国家进口，意味着再次增加对中东的能源依赖，这与 20 世纪 70 年代德国能源来源多元化的目标背道而驰。

增加可再生能源的使用当然是德国各界所期待的，这样既能做到能源独立，又能环保减排，德国财政部部长还称可再生能源是所

---

① "Ukraine crisis forces Germany to change course on energy", Deutsche Welle, Mar. 1, 2022, https：//www.dw.com/en/ukraine-crisis-forces-germany-to-change-course-on-energy/a-60968585.

谓"自由能源",① 赋予其政治色彩。可如果可再生能源能够满足国内能源需求的话,德国政府早就去做了,前面我们分析过可再生能源的局限,说起来很美丽,但做起来谈何容易?

想一想俄乌冲突后德国能源供应的复杂性,和财政、外交、科技、经济、气候变化等各种问题交织在一起,很难理出一条清晰的路径。

---

① "Ukraine crisis forces Germany to change course on energy", Deutsche Welle, Mar. 1, 2022, https://www.dw.com/en/ukraine-crisis-forces-germany-to-change-course-on-energy/a-60968585.

第四章 制造业的优势与挑战

制造业如同德国经济的名片，拥有着众多的世界知名品牌，德国制造就意味着品质的保证，在危机发生时对维系经济稳定也至关重要。德国制造业的优势源于创新体系、交易制度、民族个性等诸多因素，体现出德国的特点，但在大变局时代，德国的制造业也面临着难题。

第一节 发展历程

德国的制造业有悠久的历史，至少可以追溯到德意志帝国时期。自从1871年德国实现统一后，德国的工业实力就不断崛起，为以后国家经济起飞打下坚实基础，可以说，德意志帝国的崛起，很大程度上就是依靠工业的崛起。德意志帝国崛起之后，经历了两次世界大战，尤其是二战后的联邦德国面对着一片废墟，其工业和经济却得到较快恢复，这很大程度上受益于原有的制造业基础，当然也和美国实施马歇尔计划有直接的关系。美英政府在支持联邦德国经济复兴的工作中，鉴于其国家基础设施损毁严重，马歇尔计划提供的15.6亿美元资金也主要用在交通等领域的基础设施，以及最为重要的生产资料上，其中工业原料的援助物资合计7.3亿美元，占比近一半。

随着基础设施的改善，联邦德国战后固定资产投资方向也发生了改变，马歇尔计划提供资金占总投资比例较高的部门，比如煤矿、交通等领域，逐步向重工业转移，比如工业生产资料、钢铁等。基础设施和生产设备的恢复成为德国战后经济得以发展的前提，这让德国制造业的再次发展迎来新机遇，再加上朝鲜战争扩大带来的商业机会，德国经济迎来20世纪五六十年代的繁荣：1950—1965年，德国名义GDP平均增速达到11%，第二产业对经济的贡献占比也从40%提升至45%。由于国际格局的变化，德国经济和制造业在美国的扶持下，恢复速度超出了外界的预期。

德国的制造业持续发展。1960年之后，联邦德国又开启了新一轮的"工业革命"，不仅进行持续大量的投资和设备更新，还利用当时先进的科学、技术、工艺对整个国民经济进行重建和调整。1950—1970年，德国重工业部门采掘行业的销售额占比从5.7%萎缩至2.1%，就业人数占比从11.9%缩减至3%，这和我们上一章所分析的采煤业的发展轨迹相吻合。同时，以化学、汽车、电气、机器制造和石油加工为代表的新兴工业部门成为拉动经济增长的"引擎"，在工业部门中的销售额占比大幅提高，从22.8%上升至38.5%，到1975年合计占德国工业产值的44%。按德国经济部门的划分，1961—1973年，化学和石油加工工业处于特快增长部门，年均增速高于9%；汽车、电子工业属于高增长部门，年均增速5.5%—9%；机器制造业稍慢，也处于中增长之列，年均增速3%—5.5%。[1]

20世纪70年代，这一时期对德国经济和制造业的发展具有转折性意义。前面能源部分我们提到过，1973—1974年、1979—1980年两次石油危机，导致全球通胀高企，成本大幅上升，需求

---

[1] 《德国制造，何以强势》，东吴证券研究报告，2021年8月18日，https://pdf.dfcfw.com/pdf/H3_AP202108181510886047_1.pdf?1629327069000.pdf。

回落，包括德国在内的全球主要发达国家经历中长期的经济增速换挡：1961—1973 年，德国实际 GDP 平均增速为 4.4%；1974—1983 年平均增速下滑至 1.7%，还不到前期的一半。1974—1983 年，由于石油危机给德国的产业结构造成重创，曾经驱动经济高增长的引擎几乎熄火，比如机器制造、电器电子和石油加工工业陷入停滞（年均增速 1%—1.5%），化学和汽车也成为弱增长部门（年均增速 1.5%—3.5%）。[1]

进入到近代，德国的制造业保持稳定发展，1995 年以来制造业占 GDP 比重基本保持在 20% 左右，全球范围看仅次于中国，与日本基本相当，远高于美国等主要发达国家。而美国在 1997—2008 年、中国在 2011 年后，制造业在 GDP 中的比重都经历了一段较为明显的下行，凸显出德国制造业的重要性和韧性。

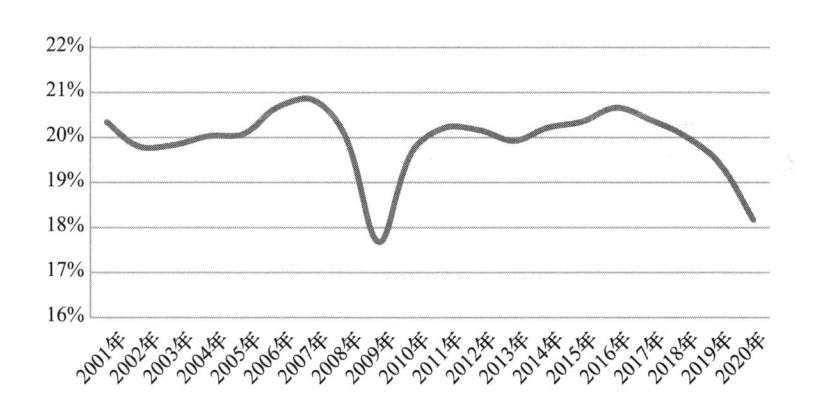

图 4-1　德国制造业附加值占 GDP 比重（2001—2020 年）

数据来源：世界银行。[2]

---

[1] 《德国制造，何以强势》，东吴证券研究报告，2021 年 8 月 18 日，https://pdf.dfcfw.com/pdf/H3_AP202108181510886047_1.pdf?1629327069000.pdf。

[2] "Manufacturing, value added (% of GDP) - Germany", The World Bank, https://data.worldbank.org/indicator/NV.IND.MANF.ZS?locations=DE.

2008年金融危机冲击之下，德国制造业支撑下的经济韧性显现：一是德国的GDP增速在金融危机后的修复弹性明显高于其他欧洲大国以及美国。2009年6月，德国GDP同比跌至7.9%后触底回升，2011年3月，德国GDP同比增速达到6.4%，同期美国、英国、法国、意大利分别为2%、2.2%、3.1%、2.1%。二是德国经济的波动性相对其他欧洲国家更低。从1982—2021年的GDP季度同比增速波动率来看，德国、英国、法国、意大利分别为2.5%、3%、2.3%、4.3%，德国仅略高于法国，但法国的增速长期低于德国；2008年金融危机后，至2021年四国波动率分别为2.8%、3.3%、3.4%、2.9%，欧元区整体波动率为4.1%，德国的稳定性更为明显。①

从图4-1可以看到，德国制造业占GDP的比例在正常情况下保持平稳，只有在出现2009年欧洲债务危机和2020年新冠疫情这样的全球性危机情况下，才会出现波动，这与其他发达经济体的趋势性下降不同。从2020年的数据看，德国制造业占GDP的比例虽然下滑至18%左右，但仍远远高于英国、法国、意大利等欧洲国家。（参见图4-2）

德国制造业优势的一个表现就是，德国成为出口大国。德国的出口占比变化与德国经济发展的三个阶段也基本对应：1950—1973年、1974—1990年、1991—2020年，出口占GDP比重的震荡中枢分别15%、30%、40%左右，20世纪90年代以来德国经济的出口导向特征更加明显。② 在就业方面，德国制造业就业占总就业比例从1970年的39.5%降到2020年的26.78%，但在发达国家内部仍然处于较为稳健的水平。近年来德国制造业就业人数绝对量上还略

---

① 《德国制造，何以强势》，东吴证券研究报告，2021年8月18日，https：//pdf.dfcfw.com/pdf/H3_AP202108181510886047_1.pdf? 1629327069000.pdf。

② 《德国制造，何以强势》，东吴证券研究报告，2021年8月18日，https：//pdf.dfcfw.com/pdf/H3_AP202108181510886047_1.pdf? 1629327069000.pdf。

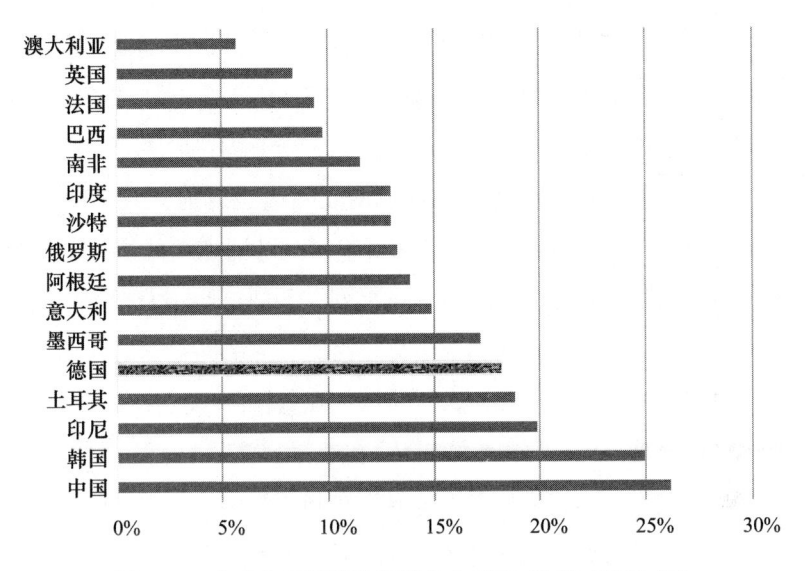

图 4-2 全球主要经济体制造业占 GDP 比例（2020 年）

数据来源："Share of manufacturing – Country rankings"，https：//www.theglobaleconomy.com/rankings/Share_of_manufacturing/G20/。

有增加，制造业绝对就业人数从 2010 年的 490 万增长到 2020 年 11 月的 550 万人。

第二节 优势领域

德国制造业在全球享誉盛名，其优势突出表现在如下几个领域。

一、汽车及相关产业

提起德国，总能让人联想起汽车。在中国，德国开车不限速以发挥汽车性能优势的说法广为流传。就笔者在德国期间的直观体验而言，本国汽车的市场占有量确实高，日本、美国汽车的品牌相对

「德国经济再认识」

要少很多，尤其是在美国颇受欢迎的日本车在德国市场能见度要低很多。但开车不限速似乎在中国流传得有些夸张了，在城市市内都是限速的，一般是 50—70 千米/小时，市中心的路段限速 30 千米/小时也很常见。很多高速也是限速的，一般也就能开到 100—120 千米/小时，只有城市间的高速不限速，但遇到施工的情况，还是有很多临时限速标志。前面我们也提到，德国近些年大兴土木搞基础设施建设，高速修路的情况也比较多见，尤其是德国的修路速度不像中国那么快，工期相对长。所以，在德国开车要体验不限速的感觉也是很难得的。

但不论如何，德国配得上世界汽车制造强国的美誉，德国高档汽车全球市场占有率超过 70%。说起德国汽车，人们能想到的是安全、舒适、节能、环保、美观、耐用。德国汽车工业之所以能以较多的优势领先于其他产业，长期保持德国第一产业地位，并展现超群的实力和强劲的发展势头，与其强大的研发实力有关。德国工业领域 28% 的研发人员从事汽车研发，而汽车工业九分之一的员工供职于研发部门。德国汽车工业平均每天就有 10 项专利产生，每年获得的专利有 3650 项，是名副其实的"世界冠军"。

所有这些都确保了德国汽车工业在全球的技术领先优势，凸显了德国汽车工业在德国经济中的核心地位。德国主要汽车制造商有大众、戴姆勒、宝马、奥迪、保时捷、欧宝和曼（商用车）等整车企业和博世、大陆、采埃孚、蒂森克虏伯、西门子威迪欧等汽配企业。[1] 拥有众多服务提供商和供应商的汽车制造业雇佣了超过 100 万名员工，占德国经济总产出的 5% 以上。[2] 德国汽车产业联合会的统计数字显示，德国每 7 个工作岗位中就有 1 个与汽车行业有关。

---

[1] 《德国五大优势产业简介》，中华人民共和国商务部网站，2012 年 2 月 7 日，http://de.mofcom.gov.cn/article/ztdy/201202/20120207956194.shtml。

[2] 《德国汽车行业形势恶化影响经济发展》，"走出去"导航网，2021 年 11 月 21 日，https://www.investgo.cn/article/gb/tjsj/202111/568076.html。

二、机械设备制造业

德国机械设备制造业是典型的出口导向型产业,德国是世界第一大机械设备出口国,75%的机械设备产品销往国外。在机械设备业的32个产品领域中,德国产品在16个领域成为世界出口第一,包括驱动技术机械、材料处理机械、农业机械、食品及包装机械、压缩气压及真空技术机械、精密仪器、加工机械、液压泵、液压设备、塑料及橡胶机械、印刷机械及造纸技术设备、纺织机械、测量机械、工业炉和冶金设备、木材加工机械、建筑机械及清洁机械设备。另外在民用航空技术设备、阀门及管件、机床、电力消防器材和设备等5个领域,居世界出口第二。

德国知名的机械设备制造企业有蒂森克虏伯、西马克、海德堡印刷、海瑞克、福伊特、普茨迈斯特、通快等。2018年,德国机械设备行业有6523名企业家(其中3200名是德国机械设备制造业联合会会员),工业总收入2325亿欧元,就业人数105万,产值2243亿欧元,出口总额1778亿欧元,进口总额750亿欧元。横向比较看,德国可以说是世界机械行业的领导者。德国人口约为日本的65%,其机械和设备出口是日本的1.77倍;德国人口为美国的25%,出口却是美国的1.52倍。

在柏林的街头,偶尔能看到当地人搬家的场景。与我们主要靠人力往楼上搬东西不同,德国人依赖机械,将东西从外面送至公寓的窗户外,然后再搬进去,从一个侧面显示德国人生活中对机械的依赖。另外,每天给德国各大小超市和商店送货的运输车,也都配有自动升降装置,方便装货、卸货。

「德国经济再认识」

图 4-3　德国人搬家

三、化工制药业

德国是世界上最大的化工产品出口国之一，被认为是欧洲首选的化工投资地区，拥有完善的基础设施、研究机构和高素质劳动力。凭借 58 所大学的化工系、24 所大学的应用科学系及 68 所非大学化工研究机构提供的化学研究，德国化工制药业多年来保持研发优势。德国原料生产商处于欧洲领先地位，拥有数十年的专业经验，是产品高质量的保障。欧洲化学品年均消费 6740 亿欧元，其中德国占 1050 亿欧元；欧洲合成塑料年均消费 4520 万吨，德国消费量占比达 24%。[①] 知名的德国化工制药企业有巴斯夫、拜耳、朗

---

① 《德国世界领先的五大优势产业》，https：//baijiahao.baidu.com/s？id=1684664899369224423&wfr=spider&for=pc。

盛、汉高、赢创、默克、勃林格殷格翰等。德国的一批中小企业也和那些跨国公司一样积极开展工业生物技术领域的业务，尤其是从可再生材料中获取化学制品方面。

根据欧洲制药工业协会联合会的数据，德国是欧盟最大的制药生产基地，在欧洲排名第二，仅次于瑞士（2018 年产值为 361 亿欧元）。德国拥有 500 多家制药企业，产业基础坚实，基础设施效能高，地方化工实力雄厚。2018 年，德国药品出口额增长 10.3%，总额为 832 亿欧元，使德国成为欧洲第一大药品供应国和第二大药品进口国。在德国所有主要行业中，制药行业的研究强度最高，2018 年研发投入占比高达 12.5%。2019 年，德国有 499 项临床试验由研究型制药公司资助，数量排名全球第五。①

四、电子电气工业

德国拥有世界技术领先的电子电气工业。德国电子电气工业每年的技术革新支出约 150 亿欧元，占该行业营业额的 10%，其中研发投入 120 亿欧元，约占德国工业总研发投入的五分之一。德国制造的电子元件一半以上用于出口，电子电气行业前五大出口目的国分别是美国、中国、法国、英国和奥地利。德国电子元件主要产品包括：半导体（集成电路、高保真分立元件）、电阻器、电容器、缩合器、感应器、无源及混合微电路、电子机械元件（连接器、开关）和印刷/混合电路板等。②

新冠疫情之下，德国电子电气工业面临挑战，但也表现出一定

---

① 《投资德国：中国企业指南》，https://www.deloitte.com/content/dam/Deloitte/de/Documents/Country%20Services%20Group/CSG%20China/Guide-for-Chinese-Businesses-Update-CH+EN.pdf。
② 《德国五大优势产业简介》，中华人民共和国商务部网站，2015 年 3 月 3 日，http://de.mofcom.gov.cn/article/ztdy/201503/20150300907143.shtml。

的韧性。2022年1月，德国电子电气工业协会表示，2021年该行业是德国少数几个不仅弥补了上一年经济损失，而且还有所增长的行业之一，2021年1—11月，行业生产同比增长9%，名义收入增长近10%，全年销售额首次接近2000亿欧元。几乎所有子行业都呈积极发展态势，员工人数增加5000多人至87.7万人，短工人数大幅降至1.5万人。[①]

从上面的各个领域中可以看出，德国制造业的优势从其出口方面得到充分体现。机电产品、运输设备、化工产品是其主要优势行业，三者合计出口占比近60%。从1990年以来的情况看，汽车行业在出口方面的优势仍在持续提升：从出口结构看，1990—2000年，机械和运输设备在德国出口中占比从49%升至53%，在本身已经占比近半的情况下仍有提升；从汽车行业的出口率看，1991—2000年从54%提升至67%，2019年更是升至75%。[②]

第三节　背后原因

德国制造业的全球优势明显，背后的原因是多重的，涉及商业、教育、文化、政治等方方面面，高品质的德国制造来之不易。

一、有效的创新体系

德国制造业持续保持优势，与其创新能力和创新环境密不可

[①]《2021年德电子电气行业成功克服新冠疫情和供应瓶颈危机实现增长，预计2022年生产增长4%》，"走出去"导航网，2022年2月9日，https://hubei.investgo.cn/country/analysis-report/detail/517557。

[②]《德国制造，何以强势》，东吴证券研究报告，2021年8月18日，https://pdf.dfcfw.com/pdf/H3_AP202108181510886047_1.pdf?1629327069000.pdf。

分。德国创新体系的特点是政府、企业、科研院所等多方参与，各有分工，协同合作。

德国政府致力于为创新活动提供良好的环境和平台，以及必要的资金支持和政策引导。1949年后，联邦德国在艾哈德主导下建立了社会市场经济制度，其本质是介于自由主义经济和计划经济之间的新自由主义，以自由竞争为核心，国家不直接干预市场，但是制定各种政策以维持良性竞争环境，包括建立专利保护、知识产权制度及环保标准等，为企业创新提供激励和必要约束。[1] 比如通过制定《专利法》等法律，有效保护知识产权，鼓励创新活动的积极性，并通过《反限制竞争法》禁止大企业利用不正当手段打击中小企业，维系公平的竞争环境。

德国政府还注重对技术发展的宏观指导，通过德国《高技术战略2020》等文件，帮助企业明确未来科技发展重点领域。同时，德国联邦政府和州政府还通过补贴等方式，对符合条件的各种科研机构提供资金支持，尤其是对中小企业的创新活动，比如，凡是规模小于250人企业的研发活动，都可以向联邦政府申请补助。

同时，德国还十分重视通过介入基础研究来为企业创新提供支持，最为典型的政策是1982年科尔政府对新兴产业"有远见的塑形"中，政府出资成立各类基金和研究机构，包括：支持高校等研发机构、支持全国性的研究基金等等。在这样的背景下，德国研发支出占GDP比重在全球范围内一直处于前列，1996年后仍持续上升，2018年达到3.1%，高于美国的2.8%、中国的2.2%。这对于以中小企业为主体的德国制造业来说，相当于政府和高校为其提供"研发外挂"。[2]

---

[1] 《德国制造，何以强势》，东吴证券研究报告，2021年8月18日，https://pdf.dfcfw.com/pdf/H3_AP202108181510886047_1.pdf?1629327069000.pdf。

[2] 《德国制造，何以强势》，东吴证券研究报告，2021年8月18日，https://pdf.dfcfw.com/pdf/H3_AP202108181510886047_1.pdf?1629327069000.pdf。

在德国，从事基础研究工作的研究机构包括莱布尼茨科学联合会、马普学会、弗劳恩霍夫协会等等，这些机构除了研究工作外，还助推科技创新用于满足社会实际需求。统计数据显示，全球排名前50的大学中，美国占据了39家，而德国一家没有，但德国每1000个研究人员的专利申请率为53.03%，远远高于美国的38.74%，显示出德国研究体制的效率。①

同时，作为基础创新的主体，德国制造业企业视创新能力为维系企业生命力的关键，不惜投入重金。德国经济研究所的统计数字显示，德国企业研发投入方面在欧洲居于领先地位，高科技产品的研发预算占全部收入的2.5%—7%。在欧盟企业研发投资排名中，前25名有11家德国企业。

二、熟练技术工人支持

德国对熟练工人的培养和储备，在全球范围内可谓独具特色，也十分适合德国制造业强国的定位。在德国人看来，仅仅有技术创新还不够，更需要有具备理论知识、实践技术过硬且富有一定创造力的熟练工人，这样才能把新技术落实到产品中去。为了培养这样的实用人才，德国在对青少年的培养中形成了独特的双轨职业教育体系。

德国学生中学毕业后，大约有70%会选择双轨职业教育，也就是由学校和企业联合提供教育。学校负责传授理论知识，企业安排学生实习和培训，理论学习和企业实践交替进行，学生必须达到特定的考核标准才能毕业。同时，学生还会与相关企业签订合同，这意味着学生毕业后的就业方向基本确定，既为学生的学习和实践

---

① David B. Audretsch, "Insight into Manufacturing Policy: Why is Germany so Strong in Manufacturing", https://policyinstitute.iu.edu/doc/mpi/insight/2018-03.pdf.

提供了动力,也为企业提供了人才储备,同时受到两者的欢迎。

很多学生选择职业教育,与熟练技术工人有良好的职业发展前景和稳定的经济地位有关。蓝领群体满足了国家制造业发展对熟练工人的需求,一般在德国具有较为稳定的职业发展前景,随着技术日臻熟练,收入也稳定增长,社会地位不比所谓白领低。

德国的制造业企业虽然规模小,但对工人的熟练程度要求很高,对企业来讲,可谓一匠难求,因而企业往往不愿解雇员工。即便在金融危机期间,很多企业也是顶住经济压力,竭力避免裁员。因此,熟练工人进入企业后,职业稳定感和舒适感较强,愿意长期在企业中耕耘,对企业的忠诚度较高,技术也就日益精湛,对企业来讲也是好事。德国中小企业工人流动率较低,长期雇佣关系常见,员工和企业实现了共赢。同时,高素质的工人使得德国制造业难以外迁,这是德国制造业占比长期保持稳定的一个重要原因。[①]与美国的比较也可以发现德国教育对制造业的支持力度。统计数据显示,在 2014 年,美国 24—64 岁的人口中,有 42% 的人接受了大学教育,但这一比例在德国只有 28%,在经济合作与发展组织成员国中仅仅排名第 18 位,但德国的青年失业率只有 8%,而美国则达到 14%。[②] 这些数据说明,德国的二元教育体制,也就是让大量的青年进入职业教育而不是研究型高校,有力支撑了德国制造业的发展,同时也有助于青年就业。

三、"隐形冠军"优势突出

德国制造业的一个特点就是,由高度专业化的公司生产高度专

[①] 《德国制造,何以强势》,东吴证券研究报告,2021 年 8 月 18 日,https://pdf.dfcfw.com/pdf/H3_AP202108181510886047_1.pdf?1629327069000.pdf。

[②] David B. Audretsch,"Insight into Manufacturing Policy:Why is Germany so Strong in Manufacturing",https://policyinstitute.iu.edu/doc/mpi/insight/2018-03.pdf.

业化的产品，进而成为德国经济的引擎。① 支撑德国经济的企业，绝大多数并非是大型跨国公司，而是规模不大的中小企业。在德国，员工少于 250 人、总资产少于 4300 万欧元的企业可以被定义为中小企业，这些企业占德国制造业企业总数的 99% 以上。这些企业小而精、小而专，虽然并不引人关注，但在所处行业居于领先地位，具有非常强的竞争力，被称为"隐形冠军"。据统计，全球 2000 多家中型领导企业中，德国占比 47%。

德国只有 8000 多万人口，却创造出 2300 多个世界名牌，无论是机械、化工、电器、光学产品，还是厨房用具、体育用品等，都能成为世界上质量过硬的产品，"德国制造"成为质量和信誉的代名词。这些企业能够在全球具有如此强大的竞争力，主要归结于专业化经营。从业务领域看，德国企业往往不贪大求全，认为多元化经营可能会分散公司的精力，因而将资源专注于某一领域，在这一领域长期占据领先地位，同时也不过度重视宣传，而是专心于自己的生产和经营。这些"隐形冠军"在细分赛道中占据领先地位，其形成的产业集群是德国制造的根基，也是德国出口的主力军，这使得德国制造业整体的可替代性偏低。②

另外，从地理位置上看，德国的中小企业很多在乡村而不是城市，管理者和员工彼此熟悉且关系亲密，企业不容易找到可替代的员工，员工也难跳槽到其他企业，劳资关系比较融洽，罢工也相比其他国家少见。这让企业主、管理者、员工都能够沉下心来，专注于企业的发展。

这些企业所处的技术领域往往在价值链高端，具有很强的创新能力，利润一般也比较丰厚。政府通过出台《专利法》《反限制竞

---

① "Economy", The Federal Government, https：//www.make-it-in-germany.com/en/living-in-germany/discover-germany/economy.

② 《德国制造，何以强势》，东吴证券研究报告，2021 年 8 月 18 日，https：//pdf.dfcfw.com/pdf/H3_AP202108181510886047_1.pdf? 1629327069000.pdf。

争法》等措施为企业提供公平竞争的平台，保护中小企业的发展。一些小企业主本身还是科学家或者发明家，对创新有极大的热情，为企业保持竞争力提供了有力保障。欧洲专利局的数据显示，2003—2012年，德国拥有的欧洲专利数量超过13万个，排名高居欧洲第一，分别是法国、意大利、英国的2.3倍、4.4倍、4.7倍。

四、民族个性和文化

德国人的民族性格和文化似乎给其产品贴上了可靠的标签。一方面，德意志民族善于思考，历来被称为"哲学的民族"。其哲学发展源远流长，诞生了康德、莱布尼茨、马尔库塞、叔本华、尼采、费尔巴哈、黑格尔等伟大的哲学家。虽然各哲学家所属的流派有所不同，但是他们都穷根究底、殚精竭虑，将对哲学问题的探究做到极致，并甘愿耗费毕生精力撰写庞大的哲学著作。

另一方面，德国人性格内敛，工作严谨、认真。德国人遵守秩序和工作流程，有时甚至显得有些过于古板。不论如何，这种习惯和文化已经渗透到德国人的血液当中，在制造业领域也有明显体现。

"德国制造"注重品质，不搞低成本竞争，更不会用货币贬值促进出口。尽管德国产品有时看起来外观并不新颖、华丽，但相对结实耐用，偷工减料、以次充好的情况极少发生。德国工人长期深耕某一行业领域，不急不躁、精雕细琢，形成了工匠精神。

五、良好的宏观经济环境

德国制造业的发展需要有强大的需求支撑，也就是外部大市场。除欧盟外，在全球层面，德国也利用自身经济实力和国际影响力上升的机遇，积极塑造良好的国际经济环境，成为西方自由贸易的主要支持者和受益者。

除了外部环境外，德国自身的改革更为重要。比如，德国前总理施罗德以牺牲自己政治前途为代价推行了诸多重大改革措施，包括降低企业税负、减少关于企业解雇员工的限制、减少失业保险的领取年限和数量等等，有效降低了企业负担，让制造业更具活力。

在金融方面，德国以金融资本服务制造业发展为要义，其金融模式注重稳健的货币政策，并形成以全能银行为主的银行体系以及严格有序的金融监管。在这样的金融环境下，德国人专心发展实业，而不是把兴趣转移到似乎利润更高的虚拟经济中。德国的中小企业重视技术创新和服务客户，谋求自身在行业中的长远发展，并不把上市"圈钱"作为目标。金融危机前，当美国、英国沉迷于金融衍生品时，德国则专注于制造业，这帮助德国在金融危机后很快稳住阵脚。在金融危机之后，德国对于发展实业更为执着。关于德国的金融模式问题，我们还将在接下来的章节中进一步阐述。

从上述情况可以看出，德国制造业的强大并非偶然，是多重因素长期发挥作用的结果，对国家经济的贡献也得到普遍认可。

第四节　面临难题

世界正面临百年未有之变局。前面提到的德国制造业的优势在全球得到了广泛认同，但如果认为德国的这些优势是理所当然的，或者说将会永久持续的话，那我们还需要重新考虑一下。种种迹象显示，德国制造业的优势已经出现下滑的迹象，在新时代正面临着各种难题。

一、研发支出下降

前面部分提到，德国制造业的优势之一就是创新，但德国在创新方面的投入似乎不如过去。2021年11月11日，根据德国《法兰克福汇报》的报道，德国科学捐助人协会受联邦教研部委托进行了一项研究，得出结论认为，新冠疫情令德国创新地位受到重创。2020年德国企业的研发支出总额下降6.3%，这甚至比经济衰退的幅度还要大。同时，公共研发支出占GDP的比例10年来首次萎缩，从2019年的3.17%降至2020年的3.14%。

具体到企业层面，所有德国企业2020年用于研发的支出合计710亿欧元，同比减少近50亿欧元。虽然政府和高校在危机中的研发支出从340亿欧元增加至346亿欧元，但无法阻止整体研发支出比例的下降。2020年，研发支出减少最严重的是传统上占私人研究投资三分之一的汽车工业，该行业研发支出减少40亿欧元（2019年为284亿欧元），下降幅度为14%。当然，2020年也有行业研发支出增长，如编程、信息通信以及金融和保险服务等行业增加5%—7%，但并不是普遍现象。

值得关注的是德国外部研发的特殊发展。所谓外部研发是指企业不直接搞研发，而是借助外部专业服务商完成。2020年所有行业的外部研发支出增长近1%至229亿欧元。汽车工业为此贡献巨大：汽车企业虽然大幅降低了内部研究，但外部研究委托额增长2.7%至近140亿欧元。与此同时，德国政府非常重视其在危机中作为稳定力量的作用。德国政府的研究支出在2020年增加19亿欧元，其中包括疫苗研究资金以及与研究相关的经济危机援助。[①]

鉴于创新对制造业的重要性，新冠疫情下政府财政负担沉重，企业对经济前景存在更多不确定性，这不仅会对创新活动更会对制造业造成负面影响。由于疫情持续的时间长，人们的生活习惯随之

---

① 《研究显示2020年德国企业研发支出大幅下降，德国研究地位遭受重创》，中华人民共和国商务部网站，2021年11月12日，http://de.mofcom.gov.cn/article/ztdy/202112/20211203225535.shtml。

改变，这也会给市场造成影响。德国的创新活动能否继续保持领先，还有待观察。如果疫情后德国创新活动的下滑是趋势性的，那么政府必须要做比较大的政策调整。

二、汽车产业走下坡路

汽车行业作为德国的支柱产业和制造业"皇冠上的明珠"，为德国经济直接创造了近百万个就业岗位、贡献了约12%的税收。但在能源转型和新冠疫情的双重压力下，德国汽车业问题层出不穷。制造商还没有完全从"尾气门"丑闻的阴影中走出，就不得不着手新能源车布局，让已经挣扎在转型痛苦中的企业雪上加霜，曾经的"优等生"变成了"问题户"。未来，如何让"皇冠上的明珠"继续闪耀，成为德国政府和业界的艰难课题。

能源转型的重压深深困扰着德国汽车供应领域的巨头们。2020年9月，汽车供应商巨头舍弗勒宣布，2022年裁员4400人，涉及12个德国工厂和2个欧洲工厂，2023年实现每年3亿欧元的成本节约目标，并通过加大对新能源领域和氢燃料技术的研发投入等手段，加快集团的转型速度，提高企业竞争力和未来的生存能力。除舍弗勒外，2020年大陆集团宣布计划大幅削减1.3万个就业岗位；采埃孚计划裁员1.5万人；汽车业头号供应商博世的高层计划对其所有工厂进行逐一审查，预计削减数千岗位；汽车工业照明和电子产品供应商海拉原计划裁员900人，后调整为1050人。

如果说大型企业感受到的是深秋的寒意，中小型供应商将要迎来的则是真正的凛冬。根据波士顿咨询公司合伙人、汽车供应商专家艾伯特·瓦斯的观察，很多中小型企业没有及时推动转型的意识，错过了技术变革的黄金时期，进入无力转型和疫情双压下的困境。同时，中小型供应商在危机中还存在天然劣势，体现在：一方面，像大陆集团、舍弗勒等大型供应商虽然受到危机的冲击，但它们也更容易像汽车制造商一样，凭借一些国家市场的复苏，对冲其他地区的疲软，而中小型供应商却很难从远东市场的复苏中受益；另一方面，汽车制造商和大型供应商往往有巨额财务储备，用以抵御不期而至的经济金融风险，而众多中小型公司不具备这个优势。

德国大约有 1000 家汽车供应商，其中很多小企业完全依赖内燃机的生产，还有许多企业（例如铸造厂商）的产品组合非常有限，一旦市场对这几种产品中某一种（例如汽缸盖或发动机缸体）的需求下降，这些公司将损失大部分利润。瓦斯表示，即使德国政府支持中小型企业，也不会改变由于电动汽车转型而导致传统供应商数量减少的事实。①

由于大型汽车制造商和供应商大量挤占了中小型供应商的利润，许多小企业在景气时期也很难建立资本储备，导致在保持生产内燃机部件的同时，无力投资电动车新部件的研发。自新冠疫情暴发以来，为稳定就业，同时提升供应链安全性，德国汽车制造商开始越来越多地自行生产零部件。这一内包化趋势对供应商造成不小冲击：大型供应商尚可通过将生产转移到低成本国家来提升产品利润空间，但小型供应商没有能力在全球配置资源，应对危机的"工具箱"要小得多。自汽车业新能源浪潮开始以来，德国政府主要通过提供购车补贴的方式帮助制造商转型。但面对供应商的新危机，老政策工具显然无法起到作用，德国汽车业正考虑建立结构性基金来帮助陷入困境的供应商。②

当然，德国的汽车市场也酝酿着新机遇，那就是新能源汽车和相关产业的发展。2020 年 6 月，德国政府推出应对新冠疫情的一揽子经济刺激计划，其中包括大幅提升电动汽车创新补贴额度：购

---

① 《德国汽车工业：在深刻变革中艰难探索》，中华人民共和国商务部网站，2020年9月28日，http：//de. mofcom. gov. cn/article/ztdy/202009/20200903004907. shtml。
② 《德国汽车工业：在深刻变革中艰难探索》，中华人民共和国商务部网站，2020年9月28日，http：//de. mofcom. gov. cn/article/ztdy/202009/20200903004907. shtml。

买价格 4 万欧元以下纯电动汽车的消费者，最多可获得 9000 欧元补贴；购买价格为 4 万—6.5 万欧元混合动力汽车的消费者，最少可获得 5625 欧元补贴。德国政府还规定，购买电池模式下续航能力为 40 千米以上或每千米二氧化碳排放量低于 50 克的纯电动汽车或混合动力汽车的消费者，有资格获得电动汽车牌照。该种类型牌照持有者可在德国大多数城市的公共停车场免费停车。此外，在 2030 年前购买纯电动汽车的消费者，还能享受免缴汽车税的优惠政策。

在德国新政府的施政计划中，发展电动汽车仍将是一项重点项目。根据社会民主党、绿党和自由民主党签署的联合组阁协议，到 2030 年，德国市场将至少保有 1500 万辆纯电动汽车和燃料电池汽车。在基础设施方面，政府将简化充电桩建设的审批条件，并特别关注快速充电设施的建设，计划到 2030 年使公共充电桩达到 100 万个。由于德国对环保的重视和减排的承诺，电动汽车市场的发展前景令人期待。

在智能化出行领域，或者说是自动驾驶方面，德国的 5G 网络发展相对滞后，以 5G 高精度定位为基础的智能网联汽车的发展受到影响。2021 年，德国机动车监督协会曾在环形试验车道上进行了时速达 200 千米的无人驾驶测试。总体来看，德国在这个领域的发展仍有待加强。[①]

三、"工业 4.0" 效果不佳

德国"工业 4.0"在中国很受关注。它最早是在 2011 年被德国政府作为《高技术战略 2020》行动计划的一部分被提出来，后来在德国国家工程院、弗劳恩霍夫协会、德国联邦教研部、联邦经

---

① 《德国汽车业：全面向电动和数字化转型》，《科技日报》2021 年 8 月 24 日。

济技术部、西门子、博世等产学研界共同推动下，上升为一项德国国家级战略，于2013年4月在汉诺威工业博览会上正式推出，其核心在于通过"智能+网络化"，构建基于数字物理系统的智能工厂，实现智能制造的目的。

"工业4.0"提出的背后，是德国近年来产业发展所面临的危机感。一方面，汽车等传统优势产业面临电动化、智能化对其整体商业模式的颠覆，德国需要尽快适应；另一方面，德国意识到在信息技术领域的发展逐步落后于美国乃至中日韩等亚洲国家。传统优势产业可能失灵，再加上新兴产业依然落后，"工业4.0"的提出既是突围，也是顺应潮流的选择。美国几乎在同时提出了"工业互联网"概念，此后其他国家都有所跟进。

但与美国的"工业互联网"更为强调适应已有的互联网架构不同，德国"工业4.0"则更为强调对已有工业系统的适应，具体包括三重架构：纵向一体化，智能工厂内部通过联网建成生产的纵向集成，边界限定在车间和工厂；端到端数字一体化，涉及产品整个生命周期的价值链，从设计开发至售后维护不同阶段的信息共享，边界拓展至产业链；横向一体化，全社会价值网络的横向集成，边界拓展至多条产业链组成的生态网络。2015年德国的《"工业4.0"实施战略》报告即围绕三重架构开展研究，"工业4.0"仍更像一个科研议程，在生产中尚未大范围推广。[①]

要从科研走向具体产业应用，德国"工业4.0"面临的挑战非常严峻。企业层面如何将信息物理系统技术融合到现在的生产体系当中，以及员工如何适应新的生产形式；政府层面市场监管框架以及产业标准的缺失，带来技术路线的未知风险。根据德国的企业咨询管理专家赫尔曼·西蒙开展的调研，直至

---

① 《德国制造，何以强势》，东吴证券研究报告，2021年8月18日，https://pdf.dfcfw.com/pdf/H3_AP202108181510886047_1.pdf?1629327069000.pdf。

2017年，德国"工业4.0"对经营模式进行数字化改造的企业中，有77%归于失败。①

提起德国的"工业4.0"计划，笔者想起2017年在德国出差访问马普研究所时，向对方请教了"工业4.0"的相关事情，希望能取取经，对方的回答是"'工业4.0'在中国引起的反响比德国要大"。从近年来这一计划实际取得的成效来看，似乎中国各界出于对德国科研和工业实力的信任，对这一计划的影响给予了过高的期待。这也需要从德国的经济体制进行分析，中国国内对德国经济体制进行过深入研究的专家认为，德国作为社会市场经济国家，其产业政策终归是无效的，因为产业发展的主体是企业，企业的发展终将是由市场决定的，而不是政府规划。不论如何，德国的"工业4.0"至少没有取得我们所期待的效果，这也意味着德国经济在智能化、网络化方面并没有取得明显的领先优势。

四、数字经济欠发达

德国作为发达国家，在数字经济方面的落后多少出乎我的意料。到德国旅游的中国游客普遍有一个印象，就是手机时不时地断网，尤其是在高速公路或者火车上。另外，在德国上网的速度也比较慢，给人的印象不像是一个发达国家。从个人的生活感受看，德国的数字经济方面确实存在一些问题。

第一，数字服务价格昂贵。本人手机用的是德国电信的号码，每月的费用大概是20多欧元，折合成人民币大概200元，这个费用在国内基本上可以上网不限量，电话随意打。但在德国，这个费用只有每个月5G的流量。如果打电话给国内的话，每分钟的费用

---

① 《德国制造，何以强势》，东吴证券研究报告，2021年8月18日，https：//pdf.dfcfw.com/pdf/H3_AP202108181510886047_1.pdf?1629327069000.pdf。

为1.6—1.8欧元（手机和固话费用不同），折合成人民币要每分钟10多元，价格高得让人望而却步。如果用中国手机号打回国的话，即使是漫游每分钟的费用也就1元人民币左右。如果用中国的手机号打德国当地的电话，费用也和当地手机差不了多少。要不是工作需要，办当地手机号必要性真不是很强。

第二，数字服务质量一般。手机费用贵，那就在家里装个宽带。我选择了当地的一家宽带公司。德国装宽带和国内不一样，在网上下单后，公司会把上网用的盒子寄过来，自己安装使用。可能是国外劳动力成本高，公司能省就省了。对照着说明书，不懂德语的我不论如何也装不上，无奈只好找朋友帮忙，但发现不是语言的问题，也和智商无关，是我住的公寓有些老，线路接口和上网的盒子根本就接不上，必须要更换墙上的接口才行。无奈之下只好再和公司说明情况，预约技术人员上门更换线路接口，时间只能是一周以后了。预约的那天下午，请好假在公寓等待技术人员上门，由于不知何时到，我就一边上网一边等（暂时蹭邻居家的网络），直到天黑了也没人来。还真没想到，一向以严谨著称的德国人，居然失约了。由于这家公司的客服电话只有德语服务，没办法只好第二天找会德语的朋友帮忙。当再次给宽带公司打电话询问情况时，才得知那天工人已经到我的公寓楼下了，但是不知道是几楼，就走了。

我的天，房间号我都给公司了，我住的是低层公寓，一共也就五层，一层一层看也找到了，再说也可以给我打电话呀，我的手机号也留给公司了。忍下心中的怒火，我再次和对方约时间，这次对方有些犹豫，说下周可能事情多，只能再过一周。我看了看日历，下周是复活节，估计是工人节前不想出工了，找借口而已。我也不差这一周，就等到复活节后。这次技术人员如约上门，也很快就装好了。想一想只不过几分钟的事，我居然折腾了3个星期，期间没用上网络，但费用照扣，让我领教了德国人办事的"不靠谱"。想一想我在国内装宽带的时候，当天打电话第二天就装好了，绑定手

图 4-4 宽带接口

机套餐的话宽带还是免费的,真是有了回国的冲动。

宽带装好了,我办理的是 200 兆速度的套餐,每月费用 33 欧元。费用比国内贵不说,速度也真是不敢恭维,用手机刷抖音的话,肯定是放一会儿卡一会儿,卡的时间比看的时间长,应该就是让人不要长时间使用手机的节奏,倒是"有利于"保护眼睛。我所在的城市是德国首都,基础设施还算相对不错,如果在乡村的话网速会更慢。我刚到的那一年,也就是 2021 年,德国人为应对疫情采取的限制措施还是比较严格的,很多学校都不开放,孩子在家上网学习,这时网速的重要性就显现出来了。听到过当地人抱怨,孩子需要上网课,但家里网络的速度只能满足一台电脑的上网需求,而有些家庭不止一个孩子,这样网速就成了问题。

第三,德国人不太喜欢网上购物。在德国,综合性的大型购物平台少,网上购物的优势并不明显,价格也未必比实体店有优势。在国内想买某样东西的时候,只要在大的电商平台上搜索就可以了,想要的东西基本都能找到。但德国没有这样的整合好的电商平台,而是每家厂商有自己的网上销售平台。买东西的时候,除非针对某个品牌,要不然得在不同厂商的网站上反复搜索,实在有些繁琐。而且商品的价格未必比实体店便宜,实体店还经常搞一些打折活动。

"黑色星期五"的时候,据朋友说实体店的打折还是比较多的。

从观察到的德国人情况看,喜欢网上购物的人不多,更没有见过像国内那样每天等快递的情况,大家还是保持去实体店购物的习惯,即便疫情下也是如此。还有种说法是德国人喜欢保护个人隐私,而网上购物会暴露很多个人信息。在这方面,德国人和其他欧洲国家的人意识确实比较强,大型数字企业在欧洲也面临着比较强的数据保护压力。

第四,共享单车摆放整齐、质量好、费用高。德国也有共享单车,疫情下由于卫生上的担忧,我并没有尝试过,但在马路上经常可以看到,总结起来有这么几个特点。一是摆放比较整齐,大的路口都有共享单车的集中摆放点,加上车的数量不是很多,所以看起来还比较整齐,数量上也够用。

二是车的质量比较好。不只是共享单车,德国自行车的整体质量都比较好,看着就很厚重,当然价格也贵,去超市看一辆普通自行车的价格至少也要几百欧元,估计共享单车的成本也不会低。自行车价格贵造成了另一个现象,就是在柏林丢自行车的情况经常发生,所以大家都会准备一把比较结实的锁,将自行车锁在铁柱子上,很少看见自行车独立放着。共享单车没有丢车的风险,还用着方便,因而有一定市场。

三是共享单车费用高。图4-5的共享单车的价格是每分钟10欧分,如果骑10分钟的话,就要1欧元,这个价格比我们国内贵太多了。其实德国人是喜欢骑自行车的,德国马路上也有专用的自行车道,这是绝不允许汽车挤占的。在自行车道上,骑车人有"至高无上"的路权,在街上偶尔可以看到骑车人对不守规矩的汽车怒吼的情况,拍汽车车盖也是经常发生的,从来没见过哪个汽车司机敢下车理论的。一般都是骑车人发泄一顿以后,扬长而去,汽车只有挨骂的份。在德国开车,一个非常重要的注意事项,就是在转弯时通过后视镜看后面有没有直行的自行车。因为根据交通法,

图 4-5 共享单车

自行车是有先行权的。但自行车小，有时看不清，再加上在国内形成的开车习惯，所以要特别注意。尤其是在走转盘的时候，要一边转圈一边看旁边有没有自行车，技术不熟练还真是手忙脚乱。德国的自行车道，不仅汽车要避让，甚至行人也不能在上面走。当行人走到自行车道时，客气的骑车人会说一句"请让一让"，但更多时候都是怒目而视，从你身边骑过去的时候甚至故意撞你一下，这种情况下自行车是没有任何责任的。德国人喜欢自行车，尊重自行车，但德国的共享单车之所以数量不多，我想和费用高是有关系的。不仅是中国人觉着贵，当地人也认为不便宜。如果每天上下班总计骑一个小时的话，就需要6欧元，够吃一顿午饭了。

总之，德国的数字基础设施和数字经济不发达已经引起了很多关注。德国经济研究所2019年初的调查显示，72%的受访企业表示通信网络低效已经影响或严重影响其经营活动。此外，数字基础设施被认为是物联网、"工业4.0"、网络化移动、云服务等数字变革的基础，也是未来智能工厂、自动驾驶和智慧城市的必备条件。德国信息技术、电信和新媒体协会认为，德国需要积极应对数字经济发展的挑战，应加强数字化教育，提供一流基础设施，并在政策上平衡个人数据的严格保护与开放使用。① 有分析认为，德国投资不足导致高速宽带普及率低、连接速度城乡差距大、移动宽带数据消耗低于平均水平，所有这些"都没有得到必要的关注"。②

有德国机构和媒体认为，受包括数字基础设施落后等多方面因素影响，在数字化变革和未来竞争中，德国及其他欧洲国家面临很大风险：一是在核心技术领域，包括平台经济和数字化生态系统，欧洲企业已经落后于美国和中国，并将被落得更远；二是在人工智能领域，主要是中美竞争，两国已经提前出发，抢占了有利位置；三是在机器人、自动化、"工业4.0"、网络化移动、智能能源网络等领域，欧洲公司目前虽然处于较好或者是领先地位，但也可能被冲击、取代或挤压出市场。

有当地分析认为，德国政府虽然宣称重视数字基础设施建设，并一直担忧其数字经济前景，但是并未真正从战略高度进行长远规划，而且政策的不适宜和操作的不恰当导致市场竞争不足、资金支持不够、发展缓慢滞后，这也是对默克尔政治遗产的争议之一。

五、投资吸引力下降

商业环境是一个国家制造业竞争力的重要表现。2021年11月17日，根据德国《经济周刊》报道，毕马威调查了来自美国、中国、日本和欧洲的跨国公司德国子公司的360名首席财务官，只有19%的受访者表示未来5年将在德国投资超过1000万欧元，而4年前这一比例还是34%。受访公司首席财务官将缺失的数字化基础设施作为最大的投资障碍。其中9%的受访者认为该项德国"是

---

① 《德国数字经济发展机遇与挑战并存》，人民网，2020年2月4日，http：//world.people.com.cn/n1/2020/0204/c1002-31569443.html。

② "The Merkel Era in Charts: What Changed in Germany?", Financial Times, Sep. 20, 2021, https://www.ft.com/content/259523b5-a24e-426e-8167-a421cec8ceed.

欧盟最差的"，另外24%认为是"欧盟中5个最差的之一"。

另外一个调查结果认为，德国在电力、税收和劳动力成本方面太贵。德国工业用电以每千瓦时18.18欧分在欧盟排名最后。受访者将德国税收制度归为"没有竞争力"。与此同时，状况不佳的道路、桥梁和铁路也受到批评。受访者中只有59%将德国物流基础设施列入欧盟前五名。作为商业所在地，德国在生活水平（81%）、公共安全（80%）和政治稳定性（80%）方面获得最高评分。但是，德国劳动力成本以平均每小时36.6欧元远超欧盟平均水平（每小时28.5欧元）。只有三分之一的受访者将德国列为促进创新环境前五名的商业地点。有商界人士警告，"计划中的欧盟环境立法导致监管和官僚主义的进一步增加"，这将对德国作为投资地点构成威胁。①

毕马威的调研结果和我们前面的分析相互印证，未来很多产业包括制造业的发展都是基于网络的，如果网络基础设施上不去，其他产业也势必受到限制。另外，我们前面讨论过，德国能源资源匮乏，能源转型面临巨大压力，目前看可再生能源的成本仍然比较高，这对于企业经营而言并不是优势，投资吸引力的下降可能是制造业发展面临困难的一个信号。

第五节　对中国的启示

搞欧洲问题研究的前辈陈乐民先生有一句名言："我们谈的是欧洲，心里想的是中国。"这句话对于我们从事研究工作的人来说，一

---

① 《毕马威研究显示德国作为商业所在地正在失去竞争力，税收制度和数字化表现尤其糟糕》，中华人民共和国商务部网站，2021年11月18日，http://de.mofcom.gov.cn/article/ztdy/202112/20211203225536.shtml。

直有着警示意义。而研究德国制造业发展，对中国有着很强的现实意义。新时代的中国正走在实现共同富裕的道路上，而从德国与其他西方国家的比较看，在缩小贫富差距方面，制造业很关键。

一方面，制造业产值占比和基尼系数呈现负相关关系。前面我们提到了德国的制造业占GDP比重在西方国家中偏高，而且保持相对稳定，这对危机中的经济稳定很重要。而基尼系数是指国际上通用的、用以衡量一个国家或地区居民收入差距的常用指标，最大为1，最小为0，数值越大说明收入差距越大。从美国和德国的比较看，上述两个数值存在负相关的关系。美国的情况看，其制造业占比自20世纪60年代初的37%持续回落至2020年的15%，同期基尼系数自40%不断上升至49%。而德国恰好相反，1991年以来，德国制造业占比长期稳定在20%左右，基尼系数也常年稳定在30%附近。

另一方面，美国制造业占比过低是贫富差距日益扩大的根源。二战后，美国经历三次产业结构变迁，将中低端制造业向外转移，重心转向技术密集型，多数就业人口被迫转移至低附加值第三产业。2020年，美国70%的就业人口集中在劳动生产率最低的低附加值第三产业，仅有15%的就业人口分布在劳动生产率最高的高附加值第三产业。而德国通过稳定制造业，相对而言，有效避免了贫富差距扩大。德国在产业转型时，坚守德国制造的立国之本，保障制造业占比的长期稳定。同时，德国金融业占比偏低，占GDP比例仅有4%，第三产业的发展主要依附于第二产业，产业模式仍然围绕制造业。截至2020年末，德国有24%的就业人口分布在第二产业，高于美国的14%；58%的就业人口分布在低附加值第三产业，低于美国的70%。[①]

[①] 高瑞东：《为什么制造业是实现共同富裕的关键？》，21经济网，2021年11月11日，https：//m.21jingji.com/article/20211111/herald/54b570ecda6dad984687fef71dc0f4f2.html。

「德国经济再认识」

　　从中国的情况看，我们可能处于制造业增速换挡、结构调整的阵痛期，制造业增加值比重持续走低。我国制造业增加值占GDP比重从2011年的高点32%，持续回落至2020年末的26%。从外部看，全球需求增速趋势性放缓，全球制造业价值链面临重构风险，我国面临劳动密集型产业外迁、高端制造业向发达国家回流的双重挤压。从内部看，随着人口红利的衰减，我国劳动力、土地、资本等要素成本逐年上升，制造业低成本优势逐渐减弱，叠加产能过剩问题，进一步挤压企业利润空间。

　　相较于发达国家而言，我国产业链仍处于中低端水平，近年来工业增加值比重回落速度过快，需要避免过早"去工业化"风险。2012年，我国工业增加值比重开始回落，9年内共下降8.7个百分点。而对比美国、德国、法国、意大利、西班牙、日本、韩国7个主要发达经济体，在工业增加值比重回落的前9年内，平均下降4.2个百分点。参照工业增加值比重相当的德国，在去工业化的前9年内，德国工业增加值比重仅回落6.4个百分点，降幅同样低于中国。

　　尽管第三产业成为国内经济的新引擎，但我国仍处于工业化发展阶段，制造业仍是国内的支柱产业，更是双循环的重要保障。2020年，我国制造业贡献26%的GDP、22%的就业人口、40%的固定资产投资。近年来制造业占经济比重过快下降问题，已经引起政府高度关注。"十四五"规划中，将稳定制造业比重作为重点任务。稳定制造业占比，可以减缓经济转型中面临的减速问题，保证蛋糕总量的持续增长。[1]

　　另外，德国的教育体制也值得中国参考。中国和德国都是工业大国，当前中国大学生就业问题也是党中央和政府密切关心的。从

---

[1] 高瑞东：《为什么制造业是实现共同富裕的关键？》，21经济网，2021年11月11日，https://m.21jingji.com/article/20211111/herald/54b570ecda6dad984687fef71dc0f4f2.html。

德国的情况看，大约只有 30% 的适龄青年去上研究型大学，更多的人选择的是职业教育，成为蓝领工人。由于职业教育和企业合作紧密，因此毕业学生就业前景非常好，而且蓝领熟练技术工人的工资也并不低。前面我们也分析过，正是这些熟练技术工人帮助德国的制造业成为"隐形冠军"，支持企业竞争优势的同时，也把就业机会留在了国内，所以德国企业外迁的情况相对较少。从德国的宏观数据看，长时间保持低失业率，也是德国经济的一个了不起的成就。同样作为工业大国的中国，也可以考虑将高等教育更好地和市场接轨，契合市场的需求，形成中国制造的特色优势，既创造更多就业机会，也支持企业发展。当然，前面说的德国制造业面临的难题，也值得我们作为后发国家，提前加以警惕，未雨绸缪，防患未然。

第五章　德国与欧元区

欧元区是世界上一体化程度最高的区域经济集团,多个主权国家使用统一货币可以说是人类文明史上的创举。德国是欧元区的第一大经济体,在欧元区中扮演着至关重要的角色,被誉为"欧洲经济的火车头"。同时,欧元区也是德国的大市场,两者相互成就,彼此依赖。讨论德国经济,离不开欧元区这个既是历史又是现实的背景。

第一节　德国与欧元区的渊源

欧元的诞生是人类的一个伟大实践,此前从来没有货币统一先于政治统一的先例。欧元之所以能从幻想走向现实,是多重因素共同促成的结果,既有经济方面的基本因素,更有政治方面的巨大推力。

从经济方面看,欧洲国家经济相互依赖,联系紧密,客观上确实需要一个稳定的货币合作机制。从欧洲近代史上看,欧洲国家尝试过多种形式的货币合作。[①] 1865年,在法国皇帝拿破仑三世的倡议下,法国、比利时、意大利和瑞士四国在巴黎召开会议,成立了

---

① [荷]玛德琳·赫斯莉著,潘文、石坚译:《欧元:欧洲货币一体化简介》,重庆大学出版社2011年版,第7—10页。

拉丁货币联盟。1873年,丹麦、瑞典、挪威创建了斯堪的纳维亚货币联盟。两个货币联盟都是欧洲国家统一货币的早期尝试,但参加的国家数量有限,而且没有达到统一货币的程度,并且在20世纪初期解体。

经过两次世界大战后,欧洲经济一体化进程又给欧洲统一货币带来了新的机遇。欧洲中央银行前首席经济学家托马·伊辛认为,欧元的准备工作可以追溯到20世纪50年代的欧洲经济共同体。① 1969年12月,欧洲经济共同体国家起草了《维尔纳计划》报告,计划用10年时间实现经济与货币联盟,后因为20世纪70年代美元停止兑换黄金和石油危机的冲击而未能实现。后来又尝试了蛇形浮动、欧洲货币单位、欧洲汇率体系等等。② 欧元的诞生,使得在金本位后,欧洲国家第一次不再需要担忧汇率波动的风险,这很大程度上促进了欧洲内部大市场和经济发展。③

但仅有经济的因素,还不足以促成欧元区的成立。对于几个主权国家如何能使用共同货币,经济学家在20世纪60年代就已经构建了最优货币区理论,该理论的创建者就是后来被称为"欧元之父"的诺贝尔经济学奖获得者罗伯特·蒙代尔。根据这一理论,单一货币区要稳定运行,资本、劳动力等生产要素必须能够自由流动,各国经济指标也必须趋同。而欧元创建时,欧元区显然不能满足这些标准,各国的经济差异仍然比较大,劳动力的流动也受到语言、文化、福利制度等方面限制,建立单一货币区被认为是不切实际的乌托邦。④

---

① [德]奥托马·伊辛等著,康以同、陈娜、刘潇潇译:《欧元区的货币政策:欧洲中央银行的策略和决策方法》,中国金融出版社2010年版,第1页。
② 丁一凡:《欧元时代》,中国经济出版社1999年版,第33—45页。
③ Benjamin J. Cohen, "The future of global currency: the euro versus the dollar", London and New York: Routledge, 2011, p.2.
④ [荷]玛德琳·赫斯莉著,潘文、石坚译:《欧元:欧洲货币一体化简介》,重庆大学出版社2011年版,第6页。

「 德国经济再认识 」

但从政治角度看，德国重新统一大大加速了欧元区的成立。20世纪90年代，发动两次世界大战的德国再次实现统一，这势必引起其他国家的警惕，也将引起欧洲内部的复杂博弈。德国前总理施密特曾说过："如果我们找不到办法把德国拴在欧洲，德国还会回头去找他的恶魔。"[①] 作为国家统一的代价，德国交出了其最珍贵的、代表德国实力与成就的象征——马克。[②]

图 5-1　德国马克

德国人钟爱自己的货币，福沙舆论调查所的一项民意调查显示，在欧元流通10年后，仍有45%的德国人表示希望恢复使用德国马克，70%的德国人仍然在以德国马克为单位计算价格。在2021年底，也就是欧元即将迎来流通20年之际，仍有33%的德国人希望恢复使用原来的德国马克，在支持极右翼政党德国选择党的选民中，这一比例甚至达到了80%。同时，有54%的德国人仍然在以德国马克为单位计算当前的价格，在支持选择党的德国选民中，这一比例高达76%。德国《法兰克福评论报》网站2021年12

[①] [日] 小林正宏、中林伸一著，王磊译：《从货币读懂世界格局：美元、欧元、人民币、日元》，东方出版社2013年版，第106页。

[②] 丁一凡：《欧元时代》，中国经济出版社1999年版，第52页。

月 30 日报道，尽管到 2022 年 1 月 1 日，欧元流通已有 20 年，德国中央银行的数据显示，德国人手中仍有 120 多亿德国马克（包括硬币和纸币）。[1]

德国放弃马克和其他国家一起使用欧元，既有利于消除欧洲国家对德国重新崛起的顾虑，也有利于德国在欧洲摆脱孤立。使用共同货币，意味着德国把自己和欧洲紧紧地绑在一起，一荣俱荣，一损俱损，就这样创造性地解决了"德国的欧洲，还是欧洲的德国"这一历史性问题。在后来欧洲爆发的危机中，不管是债务危机还是难民危机，虽然欧洲国家间仍有分歧，但我们看到的更多的还是团结，各国在最后的关键时刻往往能够达成一致。德国虽然有时不情愿，但最后还是会为解决欧洲的问题"买单"。

第二节　究竟谁是受益者

欧元成立了，那么究竟谁是受益者呢？很多人认为，德国从欧元区的成立中获益最多。因为德国工业实力强，与其他欧洲国家贸易基本都是顺差，在使用欧元之前，还有汇率手段来调节德国和其他国家之间的贸易不平衡，也就是德国马克升值会拉高德国产品的成本，一定程度抑制竞争优势。但使用欧元后，失去了汇率的调节，这让德国产品在欧洲市场上更具优势，贸易失衡难以扭转。同时，德国人从欧洲市场上赚了钱，他们更愿意把钱花在德国国内市场，而不是购买其他欧洲国家的产品，这让德国经济更加繁荣。[2]

---

[1]《欧元推高物价？德媒：德国人对欧元"爱恨交加"》，搜狐网，2022 年 1 月 2 日，http://www.sohu.com/a/513887682_114911。

[2] Kimberly Amadeo, "Germany's Economy, Its Successes and Challenges", The Balance, May 29, 2021, https://www.thebalance.com/germany-s-economy-3306346#toc-type-of-economy.

笔者也想起了在上一次震惊世界的欧洲债务危机期间，德国坚持紧缩的财政政策，在欧洲引起了强烈的争议。在欧元区，默克尔似乎被视为维系欧元稳定的"英雄"，而在希腊，她却被看作是让本国经济每况愈下的"罪魁祸首"。在2013年和2014年，欧洲债务危机逐渐平息之后，笔者曾经两次去雅典工作访问，当地人谈起默克尔仍然义愤填膺。不仅在希腊，就是在德国国内，也出现了思考德国和欧元区关系的声音。

一些学者认为，德国领导人应该承认和告诉民众，经济上看，欧元区的成立对德国有利，这可以让德国产品无障碍地进入欧洲单一大市场，并从中积累财富。所以，德国拿出一些钱来帮助维系欧元区的完整和稳定，是有一定道理的，最终德国会是受益者。这种声音应该不是空穴来风，经过债务危机洗礼的德国和欧洲，都在重新相互审视之间的关系。这在突如其来的新冠疫情构成的危机中得到了体现。

新冠疫情对欧洲经济的冲击，远远胜过上一次的金融危机和债务危机。欧盟统计局的数据显示，2020年，欧元区经济衰退幅度达到6.4%，这一数字已经远远超过了2009年债务危机后的衰退幅度4.5%。欧洲国家看样子已经吸取了上一次危机的教训，此次危机爆发后，财政政策反应迅速，各国都出台了大规模的扶持经济的措施，欧盟层面也出台了广受关注的复苏基金，后来起的正式名字为"下一代欧盟"。

这一基金规模高达7500亿欧元，其中3900亿为赠款，3600亿为贷款，不仅规模庞大，而且大部分是不用偿还的赠款，这是上一轮危机中欧盟没有做到的。上一次债务危机中，曾经有部分国家提出发行欧元区债券，也就是由欧元区国家共同提供担保发债，最终由欧元区国家共同偿还，也就是债务共担，或者说是转移支付，当时没能得到德国和一些北欧国家的支持。

这次7500亿欧元基金的性质与共同债券类似，甚至更为直接和大胆，直接说明其中大部分不用偿还。由于规模大和国家间转移支付的性质，再加上欧盟的工作习惯，这一基金酝酿过程肯定会有阻力，荷兰、芬兰等一些"节俭国家"也确实提出了保留意见。但是，德国作为欧元区第一大经济体和事实上最大财政贡献国，对这一计划并没有提出反对，这对计划能够达成是至关重要的，也显示出德国各界对于本国和欧元区的关系有了新的思考。"覆巢之下安有完卵"，这句中国谚语用在德国和欧元区身上，也合适。新冠疫情对经济的冲击实在太大了，如果欧元区再犹犹豫豫、行动迟缓，导致单一货币区的分崩离析，德国要付出的代价将会更大。

第三节　德国与欧元区的财政纪律

2022年1月17日，欧元区19个国家的财政部部长在欧盟总部布鲁塞尔举行会议，重点讨论了如何修改欧洲《稳定与增长公约》中关于政府债务上限的条款。欧盟委员会副主席东布罗夫斯基会后当天表示，各国基本同意修改原公约中比较严格的条款，而采取更符合实际也更具操作性的办法。这次会议之所以重要，是因为会议的主题是讨论旨在保障欧元区稳定运行的财政纪律问题。

为了保障欧元区这一单一货币区稳定运行，欧盟制定了《稳定与增长公约》，对各国的财政赤字和债务比例给出上限，但是执行得不好。欧元诞生后，包括德国、法国在内的几乎所有欧元区国家都违反了这一规定，而且没有受到惩罚，当然有些国家，比如希腊、葡萄牙这些南欧国家，情况更严重一些，最终导致了2011—2012年那一场严重的债务危机。那场危机后，欧洲国家痛定思痛，进行了很多力度比较大的调整，包括强化了《稳定与增长公约》，各国也都执行了非常严格的财政紧缩政策，削减财政赤字和债务水平，也确实收到了效果。但2020年的新冠疫情对经济冲击太大，疫情下继续执行这一公约已经不可能，各国也都同意暂停执行。结果，虽然从财政上给各国防疫提供了政策空间，但赤字和公共债务也急剧扩大，处于不可持续的水平。

《稳定与增长公约》规定，各签约国的国债不能超出国民生产总值60%的上限，如果超过必须每年保证减少超出部分的5%。而欧洲大部分国家为应对新冠疫情大量发放各类补贴，政府债务均已超标。欧元区19个国家整体的债务规模接近国民生产总值的100%，其中希腊甚至达到了207%，情况略好的德国也达到了70%。疫情得到缓解后，欧洲国家还面临增加国防开支和实现减排目标的压力，各国政府的支出有增无减，短期内很难实现减债的任务。鉴于现实情况，适时讨论欧元区的财政纪律是必然的。而在2022年初，这一时机似乎正在到来。

第一，欧元区的经济有所恢复。虽然2022年初新冠疫情尚未恢复，各国的感染率还处于疫情以来最高的水平，但由于重病率和死亡率并未同步上升，各国对社会活动的限制并没有严格到2020年时的水平，因而经济总体在复苏，这为欧元区重新考虑财政政策提供了经济环境。

第二，欧元区的货币政策面临调整。2021年，随着经济复苏和国际能源价格高企，欧元区的通胀也随之上升，2020年11月的数据显示，欧元区通胀率同比已经达到了5%，远远超过了欧洲中央银行2%的货币政策目标。高通胀和货币政策调整不是欧元区的个别问题，而是全球性问题。大西洋彼岸，美国的通胀率更是高达7%，美联储已经释放出了明确的货币政策收紧信号，外界预期年度可能加息三次。欧洲中央银行虽然未表示要加息，但量化宽松货币政策预计有所调整，2022年购买债券的力度会有所下降。如果欧元区通胀率没有像欧洲中央银行预计的那样下滑，那么欧洲中央银行进一步收紧货币政策的压力就会增加。如果货币政策环境收紧，意味着利率水平上升，也就意味着国债利率水平上升，这对一些债务负担沉重的欧洲国家来说是危险的，上一轮的债务危机仍然历历在目。所以，及时控制财政赤字和债务规模十分必要。

第三，德国新政府开始运转。由于财政赤字和债务的激增，2021年下半年，欧元区就有讨论改革财政纪律的声音。但当时的情况是，德国要在9月底举行大选，除了默克尔肯定卸任总理外，其他各种不确定性很大，各国无法把握德国财政政策的持续性，时任德国政府也无意在欧洲政策上花费过多精力。从欧元区过去的经历看，没有德国的实质性参与，讨论欧元区的财政政策是没有多大意义的，因而这一问题就暂时搁置了。到了2022年，德国新政府已经产生并开始运转，讨论改革财政纪律的时机也就成熟了。

虽然已经开始讨论，但是各方分歧还是比较大。法国以及意大利、西班牙等一些债务比例高的南欧国家，希望能够实质性放宽财政纪律要求。法国财政部部长勒梅尔认为，增长比稳定更重要，未来在欧洲国家用于支持绿色发展的支出，应该不计入财政赤字和债务。而新上任的德国财政部部长林德纳来自自由民主党，严格控制财政赤字和债务是该党的一贯主张。虽然这是他第一次在欧盟财长会议亮相，但并不妨碍他阐述自己的政策主张，会议期间他一再强调纪律的重要性，认为纪律对于维持政府的信誉至关重要。[1]

欧元区要改革财政纪律，显然不是一次会议就能够完成的，但从这次会议可以看出，改革进程已经开始。虽然分歧还不小，但是这些分歧也是可以预料的，符合南欧国家和北欧国家的一贯主张。但共识还是有的，至少大家都认为《稳定与增长公约》的内容应该被进一步简化，方便大家进行公开讨论，以及后续执行。比如，公约中除了财政赤字，还用到了结构性财政赤字的概念，这对不是

---

[1] "Germany, France show divisions on EU budget rules", Euractive, Jan. 18, 2022, https：//www.euractiv.com/section/economy – jobs/news/germany – france – show – divisions – on – eu – budget – rules/.

专门从事财务工作的人来说,要搞清楚两者的关系并非易事。另外,讨论财政问题最好还是有个好的内外环境,如果国家内部或者外部经济环境恶化,改革的风险还会上升。因此可以看出,改革不仅需要自己的决心,一定程度还要看看运气。上次债务危机的发生,就是美国金融危机成为导火索的。

　　历史不会简单地重复,但有时却惊人地相似。这一次欧元区的外部虽然没有爆发金融危机,但却出现了地缘政治危机,也就是2022年的俄乌冲突,以及相伴随的能源危机和通货膨胀。在欧洲债务危机爆发后,欧元区吸取教训,严格控制财政赤字。但在2020年新冠疫情发生后,欧元区为应对疫情,财政赤字不得不急剧膨胀,2020年达到了7%,2021年虽然有所下降,但还是超过了5%。2022年在俄乌冲突背景下,欧洲能源价格飞涨,欧元区财政赤字也没能回到《稳定与增长公约》规定的3%,实际平均水平是3.6%。一直到2023年,暂定的《稳定与增长公约》也没能恢复执行。

第四节　欧元区对德国经济的期待

　　欧元区作为一个整体,对它最大的成员国德国,在政治上希望其深入融入欧洲,作为"欧洲的德国",那么在经济上又有什么期待呢?2018年,时任国际货币基金组织总裁克里斯蒂娜·拉加德,列出了德国和欧洲经济需要关注的三个问题,具有一定的代表性。

一、低工资增长和通胀

　　拉加德认为,德国面临的一个挑战是需要提高工人的工资。2008年金融危机之后,德国工人接受了低工资增长,以换取工作保障。如果德国工人得到加薪，他们可能倾向于多花钱少存钱，这将提振德国经济。德国工资增长的提高也将有助于其他欧元区国家，这将使欧元区通胀率更接近欧洲中央银行的目标，并保持物价稳定。

二、老龄化社会和低负债

德国有预算盈余，其公共债务比例低于大多数其他发达国家。因此，德国政府增加公共开支的空间更大。然而，德国必须选择如何将资源分配给长期投资计划，同时也要支付老龄人口的养老金和医疗保健费用。德国严重依赖其汽车工业和对亚洲国家的出口，但许多亚洲国家正在工业化，德国有必要加大研发投资。

三、储蓄与投资平衡

拉加德认为，德国拥有世界上最大的经常项目顺差，而且盈余很大，这意味着德国的出口大于进口。德国公民注重储蓄而不是消费，这阻碍了经济增长。德国面临的一个重大挑战是，如何鼓励老年工人留在劳动力市场，减少民众为退休储蓄的需求。整个欧元区在2018年都出现了强劲增长迹象，德国及其邻国需要一个缓冲，以在下一次经济衰退期间提供救济。拉加德呼吁推进资本市场联盟，鼓励跨境分担风险。这将要求债务水平高的国家改革预算，要求所有国家提高生产率。[1]

拉加德虽然是在2018年，也就是新冠疫情之前做出的这些表

---

[1] John Edwards, "3 Economic Challenges Facing Germany in the 2020s", Investopedia, Aug. 30, 2021, https：//www.investopedia.com/articles/investing/122115/3 - economic - challenges - germany - faces - 2016. asp.

示，但这些表示却很有代表性，而且现在拉加德的职务是欧洲中央银行行长，距离德国和欧元区经济治理的距离更近，这样有代表性的观点预计在21世纪20年代都会存在。

欧元区其他国家希望德国能够主动采取措施，缓解单一大市场的不平衡问题。拉加德希望德国增加工人工资，对于经济政策决策者而言，很少会出现这样的提法。一般而言，决策层都希望控制工资涨幅，降低企业成本，增加本国产品竞争力，这样也有利于抑制通胀。拉加德当时作为国际货币基金组织总裁，对德国提出这样的希望，可能部分原因是决策压力不在自己身上。

从逻辑上看，拉加德希望德国提高工资的目的，考虑的目标范围更广，不仅局限于德国本国的经济目标，而且着眼于整个欧元区。如果德国能够增加工资，那就意味着增加了德国人的实际收入，也就是购买力，这样德国人就会更多地消费，其中包括购买欧洲其他国家的产品，当然也包括服务，比如旅游，进而会增加整个欧洲的收入。这样也有利于缓解德国巨额贸易顺差给其他欧洲国家带来的压力，或者说缓解欧元区内部的贸易失衡问题。

德国的储蓄率比其他一些欧洲国家高，经常账户更是连年盈余，确实是具有进一步刺激国内市场的便利条件。其实，德国已经开始采取了一些措施，比如前面章节提到的增加基础设施建设，这会带动一系列产业，包括其他欧洲国家的经济发展。但是在提高工资方面，德国还是比较谨慎的，因为工资具有刚性，一旦上去，想要下来就困难了。2021年德国以及欧洲、美国在高通胀局面下，幸好德国的工资上涨压力不大，要不然政策调整空间就更小了。疫情下的德国，再一次扮演起了欧洲经济"火车头"的角色，不仅因为它规模大，而且在危机下的表现也确实更稳定，更能够被寄予期望。

「第五章 德国与欧元区」

第五节 德国与欧洲中央银行

欧元区的货币政策集中在欧洲中央银行手中,分析欧元区对美元的政策,也需要首先从分析欧洲中央银行入手。

与美英等国的中央银行不同,欧洲中央银行有其独特的货币政策目标。美联储担负促进经济与就业、稳定货币与金融体系等多种重任;英国中央银行——英格兰银行的政策目标更为广泛,通过货币与金融稳定增进英国国民福祉;而欧洲中央银行将物价稳定作为优先目标[1],而且只有在与物价稳定目标不冲突的情况下,欧洲中央银行才会服务于其他宏观经济目标[2]。

欧洲中央银行独特的货币政策优先目标,源于德国的历史及其在欧洲的影响力。我们知道,在欧元筹建的过程中,德国人是不愿意放弃自己钟爱的马克的。为了让德国人减少疑虑,其他国家同意在单一货币区建立后,欧洲中央银行会像德国中央银行一样执行货币政策,也就是说要维持欧元的币值稳定,并把这些都写进欧洲中央银行章程。正如荷兰政治经济学家玛德琳·赫斯莉所言,德国马克与德国中央银行的模式对欧洲中央银行产生了重大影响,欧洲经济与货币联盟的机构设置主要建立在德国的经验基础之上。[3]

欧洲中央银行自成立之后,也确实一直坚持将物价稳定作为优

---

[1] Benjamin J. Cohen, "The future of global currency: the euro versus the dollar", London and New York: Routledge, 2011, p.137.

[2] "Our objective", European Central Bank, http://www.ecb.europa.eu/ecb/tasks/html/index.en.html.

[3] [荷]玛德琳·赫斯莉著,潘文、石坚译:《欧元:欧洲货币一体化简介》,重庆大学出版社2011年版,第72页。

先目标。统计数字显示,从欧元区成立后的十几年的历史看,欧洲中央银行这一政策目标执行得非常严格,只要通胀率超过2%,欧洲中央银行都会有所行动。统计数字也显示,欧元区成立以来,平均通胀率水平确实维持在2%左右的水平。可以说,欧元中央银行的首要目标基本实现。但这一政策也带来争议,由于过度聚焦物价稳定,其他宏观经济指标被忽视。2008年金融危机后,全球主要经济体均遭受严重冲击,各国中央银行纷纷降息,并陆续开启量化宽松货币政策以刺激经济。2009年欧元区的衰退程度(-4.5%)甚至超过金融危机发源地美国(-2.8%)和金融业发达的英国(-4.3%),但美国和英国的中央银行对金融危机反应迅速,分别于2008年11月和2009年3月出台了量化宽松这样的非常规货币政策。[①] 相比之下,欧洲中央银行的量化宽松货币政策足足晚了6年时间。

美英在出台量化宽松货币政策后,2010年都实现了经济复苏,2013年和2014年经济增速均超过2%。而同期欧元区的经济复苏却步履蹒跚,不但增长缓慢,2012年还陷入二次衰退,更一度面临单一货币区解体的风险,2013年和2014年经济增速均在1%以下,与美国和英国形成鲜明对比。虽然美英的有力复苏和欧元区的持续疲软不单单是量化宽松的原因,但数据显示这两者有很强的相关性,迟到的量化宽松政策一定程度上要为欧洲债务危机发酵和经济持续低迷负责。尤其是金融危机后,欧洲中央银行不但迟迟不出台超宽松的货币政策,而且在经济复苏势头并不稳固的情况下,于2011年两次加息,是金融危机后唯一加息的主要经济体,也是唯一陷入二次衰退的主要经济体,这些都让欧洲中央银行物价稳定的优先目标备受争议。

欧洲中央银行不仅在应对金融危机上迟缓、乏力,而且在金融

---

① 金融危机后,美国执行量化宽松货币政策的时间为2008—2014年,英国执行量化宽松货币政策的时间为2009—2012年。

危机爆发之前，对局势的判断也有明显失误。美国房地产市场的次贷问题在2007年就已经暴露出来，在2008年7月危机发酵之时，爱尔兰和西班牙的房价正"高处不胜寒"，欧洲银行业受到的冲击也已经浮出水面，但欧洲中央银行却"不识时务"地将利率提高了25个基本点，升至4.25%。美国加州大学经济学家巴里·埃森格林认为，这一政策是毁灭性的，其负面影响很难补救。①

欧洲中央银行似乎从上一轮危机中吸取了教训，当新冠疫情来临时，十分迅速地采取了量化宽松货币政策支持经济，没有出现上一次的吵闹不休和观望等待，应该说还是非常及时的。在货币政策支持下，虽然各个国家的财政状况十分糟糕，但国债收益率一直处于低水平，欧洲经济也在2021年实现了复苏。但是随着经济复苏和通胀率上升，争议再次出现，这次不是关于欧洲中央银行出台政策是否过晚的问题，而是其回收政策是否及时的问题。

在欧元区内部，德国对欧洲中央银行政策的质疑是最激烈的。德国人出于对通胀的厌恶，对欧洲中央银行在经济已经复苏情况下迟迟不肯退出超宽松货币政策的行为，充满了质疑。欧洲中央银行给出的解释是，通胀是暂时的，因而不用大力度调整货币政策，但德国人却不这么认为。2022年1月，三位德国经济学家——尤尔根·斯塔克、托马斯·迈耶和冈瑟·施纳布尔——在报业辛迪加网站发表的一篇文章中写道："越来越明显的是，如果没有货币政策调整，通胀将持续获得动力。"②

当时的背景是，德国的通胀率已经超过欧元区平均水平，迫切希望收紧货币政策，而欧洲中央银行却按兵不动，认为通胀只是暂时的，这有点让德国人着急。德国中央银行行长魏德曼，因为长期

---

① [美]巴里·埃森格林著，何帆等译：《镜厅：大萧条、大衰退，我们做对了什么，又做错了什么》，中信出版集团2016年版，第286—288页。
② "Christine Lagarde rejects calls for ECB to act faster on inflation", Financial Times, Jan. 20, 2022, https://www.ft.com/content/8e2036b9-c02e-45e8-87d8-c9d3362415f1.

与欧洲中央银行政策存在巨大分歧，于 2021 年宣布放弃连任，认为自己在欧洲中央银行体系中的呼吁过于孤独。而对于欧洲中央银行行长拉加德，德国人则给其起绰号叫"通胀女士",① 用于表达对拉加德就任欧洲中央银行行长后的通胀形势的不满。

值得一提的是，德国与欧洲中央银行货币政策的分歧还有一个背景，那就是 2021 年欧洲中央银行对货币政策机制进行了调整，将政策评估的关键锁定为将中期通胀目标设定在 2%，摒弃之前低于但接近 2% 的目标。这是一个重大调整。以前的货币政策调整以统计数据为基础，也就是以实际出现的通胀率为基础，但改革之后，就将以"统计 + 预期"的通胀率为基础，也就是除了实际发生的数字，还要看预期，如果预期通胀率可以下降，即便现在超过 2% 的目标也可以不调整货币政策，进而实现在中期的平均通胀率达到 2%。这一改革使欧洲中央银行的政策拥有了更大弹性，但也为问题的出现埋下隐患。

预期是未发生的，不同的人和机构有不同的预期，那以谁的为准呢？欧洲中央银行当然以自己的为准，但过去的 2021 年表明，欧洲中央银行低估了欧洲通胀的程度和持续的时间，这也是德国不满的地方。谁的预期更准，只能留给未来去证明，但问题是，证明了以后，已经没有机会再回到过去调整政策了。德国人在放弃马克加入欧元区 20 年后，似乎发现他们对欧元的影响力在减弱，这可能也是为什么直到现在德国人依然留恋马克。

但随着通胀的持续走高，欧洲中央银行的货币政策也有所调整。2021 年 12 月 16 日，新冠疫情后执行的紧急资产购买计划在 2022 年第一季度将放缓，3 月以后紧急资产购买计划"将

---

① "'Madame Inflation' schafft jeden Tag 5, 7 Milliarden Euro neu", WEB. DE, Nov. 26, 2021, https：//web. de/magazine/wirtschaft/madame – inflation – schafft – tag – 57 – milliarden – euro – 36377854.

不再继续"。① 2022 年 3 月 10 日，欧洲中央银行决定缩减常规资产购买计划下的购债规模，5 月和 6 月的购债规模由原先计划的每月 400 亿欧元分别减少至 300 亿欧元和 200 亿欧元。如果届时欧元区中期通胀预期符合政策目标，欧洲中央银行将在 2022 年第三季度结束购债。欧洲中央银行对欧元区关键利率的调整将在购债结束后的一段时间内逐步进行。②

鉴于通胀持续处于高水平，2022 年 7 月，欧洲中央银行开始了加息进程，截至 2023 年 3 月底，欧洲中央银行已经连续六次加息，将主要再融资利率、边际借贷利率和存款机制利率分别上调至 3.50%、3.75%、3.00%。

---

① 《欧洲央行紧急购债计划将如期结束》，新华网，2021 年 12 月 17 日，http：//www.news.cn/2021-12/17/c_1128173002.htm。

② 《欧洲央行进一步缩减购债规模》，新华网，2022 年 3 月 11 日，http：//www.news.cn/2022-03/11/c_1128459495.htm。

第六章　德国与世界经济

德国是开放经济体，经济规模排世界第四，在贸易、投资等领域和世界经济紧密联系。除了我们上一章讨论的欧元区外，德国和美国、俄罗斯、"印太"（印度洋-太平洋）地区等的经济关系也都值得讨论和分析。另外，从德国对世界经济的研究中可以看出，德国不仅将自身定位为欧元区最大经济体，而且有更广阔的视角，对世界经济的运转有着深度关注和思考。

第一节　德国与美国经济关系

美国是世界第一大经济体，是德国在欧盟以外的最重要盟友，双方的经济联系十分紧密。

一、经济联系紧密

2021年的数据显示，德国是美国的第五大贸易伙伴，这与德国作为全球第四大经济体的经济规模总体相称。中国是德国最大的贸易伙伴，但德国从中国的进口量更大。美国是德国最大的出口市场，按照贸易总量计算是德国的第三大贸易伙伴。德国的第二大贸易伙伴是荷兰，但荷兰由于拥有欧洲最大的港口鹿特丹港，转口贸易量大，数据并不能完全反映两国之间的贸易情况。从出口角度算，美国对德国来说仍然是最重要的贸易伙伴。美国对德国出口的商品主要包括飞机及零部件、汽车、制药、医疗器械、机械设备、光学仪器以及电子产品。德国对美国出口的产品主要包括汽车、制药、机械设备、医疗器械等。①

表6-1 德国与主要贸易伙伴数据（2021年）

单位：亿欧元

国家	德国出口	德国进口	贸易总量
中国	1037	1418	2455
荷兰	1005	1056	2061
美国	1220	721	1941
法国	1022	622	1644
波兰	781	689	1470

数据来源：德国联邦统计局。②

在投资方面，德美双方也是重要的伙伴。截至2019年，美国在德国的直接投资存量所占比例为11.6%，位列第三，仅次于卢森堡和荷兰。③ 在美国，来自德国的直接投资占据了欧盟的三分之一左右，主要集中于制造业、批发贸易，以及金融和保险业，雇佣了超过86万名当地员工。④ 宝马、大众、梅赛德斯奔驰等德国的汽车制造商在美国建了很多工厂，2017年的数据显示，在美国销

---

① "U. S. Relations With Germany", U. S. Department of State, https：//www.state.gov/u-s-relations-with-germany/.

② "Ranking of Germany's trading partners in foreign trade", Statistisches Bundesamt, Jun. 13, 2023, https：//www.destatis.de/EN/Themes/Economy/Foreign-Trade/Tables/order-rank-germany-trading-partners.pdf?__blob=publicationFile.

③ "Germany：Foreign Investment", Santander, Jun. 2023, https：//santandertrade.com/en/portal/establish-overseas/germany/foreign-investment.

④ "U. S. Relations With Germany", U. S. Department of State, https：//www.state.gov/u-s-relations-with-germany/.

售的德国品牌汽车，只有35%是从德国进口，其余都是在美国本地生产的，产量比2013年增加了大概50%。①

德国作为开放经济体，贸易对经济贡献较大，因而在推动自由贸易方面，与美国有很多的共识，两国也是在多边框架下推动贸易自由化的重要伙伴，比如在七国集团、二十国集团层面等。不仅如此，对于美国而言，德国对于进一步深化美欧经济关系、抵制欧盟内部的保护倾向也非常重要。负责协调美欧经济关系的跨大西洋经济理事会，也正是在默克尔任总理期间，在德国的积极推动下建立起来的。

由于欧洲一体化，德国在贸易方面的决策权已经转移给欧盟机构，所以德美之间的很多经济问题是在欧盟框架下进行的。前面我们说德国是美国的第五大贸易伙伴，但如果把欧盟当作一个整体计算的话，则是美国最大的贸易伙伴。德国又是欧盟经济的发动机，德美之间的合作对于美国与整个欧盟的经济关系都非常重要。由于欧盟国家较多，在贸易方面的主张不尽相同。有些国家，尤其是南方国家，具有一定的保护倾向，比如在农业政策领域，而德国更为强调自由贸易，相对而言，与美国主张接近，两国是推动美欧紧密经贸关系的重要伙伴。美国与欧盟的《跨大西洋贸易与投资伙伴协议》（TTIP）正是默克尔任内积极推动的。在英国离开欧盟的情况下，欧盟内部在支持自由贸易和主张加强保护力量之间可能更加偏向后者。对美国来说，加强与德国的合作对于促进美欧之间的经济合作也就显得更加重要。

二、分歧仍存

德美虽然是极为重要的经济伙伴，但也存在一些棘手的问题。

---

① Samuel George, "The US – German Economic Relationship Trends in bilateral trade and investment", Bertelsmann Foundation, Apr. 7, 2020, https：//www.bfna.org/digital-world/the-us-german-economic-relationship-qg2cfvhxaq/.

德美经贸关系存在的第一个矛盾是贸易存在失衡问题。两国贸易中,德国对美国的出口远远大于进口,这也成为美欧经济关系中的一个重要话题。2008—2018 年的 10 年间,德国对美国的贸易顺差为平均每年 570 亿美元,是美国第三大逆差来源。[1] 这一问题在美国前总统特朗普任内几乎到了白热化的程度。特朗普曾直言不讳地宣称,"德国人非常非常坏,他们欠美国一大笔钱"。[2] 特朗普任内以美国的贸易逆差为借口,对欧盟的钢、铝等产品加征关税,欧盟也针锋相对地出台了反制措施,双方贸易战意味甚浓。作为威胁欧盟的一个重要砝码,特朗普宣称要对欧盟的汽车加征关税,认为这样欧盟就会给美国想要的一切。而对欧盟汽车征税,核心目标毫无疑问是德国。在特朗普任内,德美经济关系,甚至是整个德美关系,可以说到了二战后最糟糕的时期,2020 年德国总理默克尔甚至拒绝出席在美国举办的七国集团峰会。

美国对德国的贸易逆差究竟原因何在?从两国的贸易特点看,德美之间的贸易失衡似乎不难想象,因为美国是全球贸易的最大逆差国,而德国则是显著的贸易顺差国,作为全球第四大经济体,其贸易顺差多年雄踞全球第一。

有人将贸易失衡归咎于欧盟对美国的高关税,比如美国小汽车进入到欧盟需要缴纳 10% 的关税,而欧盟小汽车出口到美国只要交 2.5% 的关税。另外,还有农业,欧盟对自己的农产品市场不仅用高关税提供保护,还给自己的农民提供补贴,这让美国的农产品在欧洲面临进入壁垒,而美国又是农业大国。

---

[1] Samuel George, "The US – German Economic Relationship Trends in bilateral trade and investment", Bertelsmann Foundation, Apr. 7, 2020, https://www.bfna.org/digital-world/the-us-german-economic-relationship-qg2cfvhxaq/.

[2] Steven Pifer, "Rebuilding US – German relations: Harder than it appears", Brookings, Mar. 25, 2021, https://www.brookings.edu/blog/order-from-chaos/2021/03/25/rebuilding-us-german-relations-harder-than-it-appears/.

但从统计数据看，欧盟的平均关税水平只是轻微高于美国，前面我们提到美国的小汽车的关税虽然只有2.5%，但是卡车关税却高达25%。两个经济体的关税水平基本持平，而且都不高。虽然关税的差异会对贸易产生影响，但对于这么大的贸易失衡而言，仅用关税来解释似乎并没有说服力。①

那么，德美之间的贸易失衡究竟原因何在呢？第一个原因还是我们前面分析过的，德国的产品具有全球竞争力。德国对美国的顺差在于商品贸易，而在服务贸易方面是逆差，因而根源需要在制造业领域找。虽然德美都是发达的工业国家，但德国制造业占GDP的比例高达20%，拥有很多全球无可替代的"隐形冠军"，而美国制造业比例只有11%，这一数字几乎只有德国的一半，存在比较明显的产业外迁，这让美国的制造业在和德国的竞争中失去优势。

第二个原因是储蓄率不同，或者说是消费习惯不同。从统计角度看，一个国家的净出口等于储蓄减去投资。也就是说，一个贸易盈余多的国家，一定是储蓄远远多于投资，德国就是这样的国家。储蓄和消费是负相关的关系，消费越多，储蓄就越少，反之亦然。德国人生活相对节俭，工资增长速度慢，而且德国还面临着比较严重的老龄化，这让德国的消费需求受到抑制，更倾向于储蓄。而美国人则喜欢贷款消费，寅吃卯粮，储蓄率远远低于德国。2017年的数据显示，消费占GDP的比例在德国为54%，在美国高达69%。

理论上讲，储蓄可以通过银行借贷或者资本市场转化为投资。如果投资数额高，也可以直接拉动内需和进口。但在投资方面，我们在财政政策的部分分析过，在默克尔执政时期，德国人注重财政平衡，还把"债务刹车"写进德国宪法，近十几年来债务占GDP

---

① Samuel George, "The US – German Economic Relationship Trends in bilateral trade and investment", Bertelsmann Foundation, Apr. 7, 2020, https://www.bfna.org/digital - world/the - us - german - economic - relationship - qg2cfvhxaq/.

比例基本得到了有效控制,而美国的债务水平则节节攀升,不断突破上限。这些债务不管是用来投资还是消费,都会拉动内需,虽然有利于经济增长,但也会增加进口和贸易逆差。[1]

还有一个问题值得讨论,那就是美国不时把货币作为纠正与德国贸易逆差的手段,认为德国低估了本国货币,进而让自己获得竞争优势,这一点我们会在后面的章节进行详细讨论。

德美经贸关系存在的第二个矛盾是财政协调问题。由于美国与欧洲在经济上的深度依赖,在重大经济政策方面,尤其是在经济危机之下,美欧之间的经济协调就非常重要,而德国和美国在这方面往往会出现分歧。前面我们分析过,在默克尔任总理后,德国的财政政策总体上强调平衡,不仅平时是如此,而且在发生经济危机需要财政政策刺激的情况下,德国的刺激力度相对于其他国家也是谨慎的。

在2008年的金融危机后,美欧实体经济都陷入衰退,需要财政政策刺激。德国在这方面显得有些不情愿,动作比较慢。在许多批评声音下,2008年12月德国联邦议会通过了规模为710亿欧元的财政刺激方案,德国官方称之为"自动稳定器"。但与美国的直接刺激消费不同,德国的刺激方案更为重视鼓励私人投资和基础设施建设,以及稳定出口。因而,在美国决策层看来,美国更多地承担了拉动全球经济的责任,因为美国刺激消费的举措会拉动德国的出口,也就是说德国会从美国的刺激需求中获益,而增加的却是美国的负债。[2]

---

[1] Samuel George, "The US – German Economic Relationship Trends in bilateral trade and investment", Bertelsmann Foundation, Apr. 7, 2020, https://www.bfna.org/digital – world/the – us – german – economic – relationship – qg2cfvhxaq/.

[2] Raymond J. Ahearn and Paul Belkin, "The German Economy and US – German Economic Relations", Congressional Research Service, Jan. 27, 2010, p. 20, https://sgp.fas.org/crs/row/R40961.pdf.

美国著名经济学家、诺贝尔奖得主保罗·克鲁格曼从世界贸易和美国总统特朗普发动的贸易战角度看世界经济问题，认为欧洲市场对美国产品的开放程度与美国对欧洲产品的开放程度相当，问题是欧洲人，尤其是德国人，对于公共债务有一种"毁灭性的偏执"。欧洲因为人口老龄化等原因导致私人需求不振，欧洲中央银行采取低利率政策企图提振经济，以至于德国 30 年期国债收益率居然为负。对此，是"欧洲各国政府尤其是德国政府通过举债和增加支出来刺激经济"的时候了。"实际上金融市场已经在要求它们这么做了，宁愿倒贴收益率也想借钱给德国"，但问题是德国就是不愿意借钱花。①

德美经贸关系存在的第三个矛盾是对经济制裁看法的不同。与美国动辄将经济制裁作为实现外交政策目标的工具相比，德国人在这方面并不积极。德国那些反对经济制裁的人士认为，经济制裁对于实现外交目标的有效性值得怀疑。比如，他们认为经济制裁经常适得其反，不但没有实现目的，反而使被制裁国家的人们团结起来走向制裁者的对立面。在缺乏强大的多边支持的情况下，少数国家发起制裁很可能会失败，其他一些国家仍然会和被制裁国家进行贸易，实施制裁的国家反而会失去其影响力。

但美国以及其他一些批评者认为，德国的立场是受到了商业利益的驱使，同时也和德国经济对出口的强烈依赖有关。德国的商业集团经常反对经济制裁，而且在政治上很有影响力，尤其是右翼的联盟党和自由民主党。有分析认为，产业游说集团在德国对俄罗斯、中国的政策中发挥了重要作用，要求政府将加强与这些国家的关系作为优先目标，这是两个极为重要的市场。

一些观察者还强调，德国对伊朗的政策也是一个很好的例子。

---

① 《德国经济现衰退隐忧，收支平衡财政政策惹争议》，第一财经网，2019 年 8 月 26 日，https://www.yicai.com/news/100308326.html。

在伊朗核问题上，德国的立场是极力阻止伊朗发展核武器，其也是与伊朗谈判的欧洲三国（英国、法国、德国）之一。但在这三国中，德国是最不愿意对伊朗采取严格制裁措施的，这让德国面临着来自美国的压力。像意大利和中国一样，德国是伊朗最重要的贸易伙伴之一。民调显示，德国不仅在经济制裁伊朗方面不积极，而且在经济制裁不奏效的情况下，其采取更强硬手段的意愿也不强烈。在美国，有50%的人支持在外交手段失败的情况下，通过军事手段制止伊朗发展核武器，而在德国这一数字只有20%。①

在2022年俄乌冲突爆发前的一段时间，西方国家竭力向俄罗斯施加压力，但德国总理在是否将北溪2号作为制裁工具问题上始终回避不表态，这也引起了美国的不满。② 2月28日，德国《明镜周刊》网络版报道说，德国驻美国大使埃米莉·哈贝尔给德国外交部的一份秘密备忘录中写道，不仅美国媒体，美国国会也认为德国政府在制裁俄罗斯上起了"阻碍"作用。美方认定，德方秉持这一立场，目的是想继续从俄罗斯采购廉价天然气。德国正在成为美国民主党和共和党相互攻讦的"卒子"。哈贝尔担心，这可能给德国带来"巨大"损害。除了美国和乌克兰，北约一些东欧成员国同样对德国表达了不满。拉脱维亚国防部部长阿尔蒂斯·帕布里克斯在接受英国《金融时报》采访时说德国"不作为"。③

美国对北溪2号的批评除了在战略方面（主要是对俄政策方面）的考虑外，在经济方面也有自己的私心。德国对俄罗斯天然气的进口量是巨大的，这在下面德国与俄罗斯的经济关系中我们会

---

① Raymond J. Ahearn and Paul Belkin, "The German Economy and US – German Economic Relations", Congressional Research Service, Jan. 27, 2010, p. 21, https：//sgp.fas.org/crs/row/R40961.pdf.

② 关于北溪2号的具体情况，我们前面在能源转型部分已经进行了介绍和讨论，在此不再赘述。

③ 《德大使密信：美国视德国"不可靠"》，环球网，2022年1月30日，https：//world.huanqiu.com/article/46bs874UklY。

继续分析，而美国作为液化天然气出口大国，也并不掩饰自己想增加对欧洲出口的意图。如果德国和其他欧洲国家放弃北溪2号，那么更多从美国进口更多的天然气几乎是必然的选择。2022年2月俄乌冲突发生后，德国总理朔尔茨在内外政治压力下，明确表示不会批准北溪2号的运营，欧洲的天然气价格也是扶摇直上，不断创下历史高点，这也正值美国完成多个开发多年的项目，可以向国际市场提供丰富的页岩气之时。包括美国最大出口商钱尼尔能源公司在内的主要开发商，在当时的几个月内签订了多个液化天然气销售长期合约，成为最大的受惠者。包括托克集团及贡渥集团在内的大宗商品贸易商，也被视为是主要的受惠者，它们将原本要送往其他地区的船货转送至支付更高价格的欧洲市场。欧洲一位交易员表示，如果俄罗斯的产量受到制裁，美国及其天然气生产商将进一步获利。①之后，虽然美国宣布全面禁止从俄罗斯进口石油和天然气，但德国和欧盟国家并未跟进，只是表示将在2022年底把从俄罗斯进口的天然气量减少三分之二。②

德美经贸关系存在的第四个矛盾是军费开支问题的分歧。德国的防务开支既是经济问题，又是政治和安全问题，更是德国和美国的一个主要分歧。众所周知，二战后欧洲的安全依赖美国和北约，在军事支出方面投入有限，更愿意把资金用于经济发展。美国虽然在军事上承担了更多责任，但为了维系在欧洲的领导权，一定程度上也默认这种现实。

但进入21世纪以来，随着国际格局和美国外交战略的变化，军费问题在美欧关系中日益凸显。奥巴马时期，美国的外交中心就

---

① 《欧洲天然气供应危机旺烧，美国LNG出口商坐收渔利》，路透社网站，2022年3月9日，https：//www.reuters.com/article/idUSL3S2VC180/。

② "EU pledges to cut Russian gas imports by two-thirds before the end of the year", CNBC, Mar. 8, 2022, https：//www.cnbc.com/2022/03/08/eu-pledges-to-cut-russian-gas-imports-by-two-thirds-before-next-winter.html.

开始向亚洲转移，希望欧洲国家能够更多承担本地区的责任。2014年，北约的协议规定成员国的防务预算要达到各自国家 GDP 的 2%，但很少有欧洲国家能够达到这一要求。2019 年，防务开支超过 GDP 2% 的国家，在 29 个北约成员国中只有 5 个，分别是美国、希腊、爱沙尼亚、英国和拉脱维亚。

到特朗普时期，军费问题更加白热化，特朗普多次批评德国，说德国承担的防务开支不够，甚至说德国是在防务开支问题上"捣蛋"。北约的数据显示，德国 2019 年的防务开支占其 GDP 的 1.38%，而美国的防务开支占 GDP 的比例为 3.42%。2020 年，特朗普政府还宣布撤出部分驻德美军，人数为 11900 人，约占美国驻德人员 36000 人的三分之一。在美国国防部正式宣布从德国撤军计划之后，特朗普随即在白宫向记者们说："我们再也不想做冤大头了。我们减少驻军，因为他们不肯付账。就是这么简单。"[①] 对美国撤军的决定，德国官员表示不满。德国方面认为，这将削弱北约联盟，影响美德关系。前面我们分析了德国的财政政策，默克尔执政期间十分注重财政平衡，要拿出大笔军费，财政政策上的确受限制。

由于历史原因，德国在发展军力方面一直比较谨慎。冷战结束后，德国联邦国防军的数量显著缩减，从 1990 年的约 50 万人，缩减至约 18 万人。1990 年，德国国防预算占 GDP 的 2.52%。2016 年，这一数字减至 1.15%。特朗普执政时期，美国多次指责德国国防预算未达到北约防务支出标准，要求提升至占 GDP 的 2%。迫于压力，德国此后逐步增加国防预算，2021 年占比提升至 1.5%。

拜登上台后，德美关系有所缓和，拜登政府也没有执行特朗普

---

① "US to pull 12000 troops from Germany after Trump calls country 'delinquent'", Politico, Jul. 29, 2020, https://www.politico.eu/article/us-to-pull-12000-troops-from-germany-after-president-donald-trump-calls-country-delinquent/.

从德国撤军的计划，但军费方面的分歧仍然存在，只不过不像特朗普时期那样尖锐。2022年2月突然爆发的俄乌冲突，似乎让这一问题不再存在。在俄罗斯军事行动的震撼下，德国总理朔尔茨很快向议会提交了一份议案，要求在2022年预算中增加1000亿欧元军费，以增强军力，实现国防支出占GDP比例达到2%的要求（不包括这1000亿欧元军费的支出），并顺利得到议会批准。2020年，德国军费为514亿欧元，2021年为530亿欧元。朔尔茨表示，这1000亿欧元是本年度一次性增加的军费。① 财政部部长林德纳则表示，增加军费的目标是在2030年前把德国打造成欧洲最具有实力和能力的军队之一。②

德国大力发展军备，是一个让外界震惊的决定。就在2022年俄乌冲突发生数天前，各界也很难想象德国会做出这样的决定。外界虽然惊讶，但似乎又提不出反对或质疑的理由。从美国的角度看，美德之间的军费分歧迎刃而解，从长远看，似乎可让美国将更多的资源和精力用在亚太事务上。毕竟在美国看来，亚太才是美国的外交政策重心。

但问题似乎还未完全解决，德国未来的军费如何花，军力如何发展还未敲定。比如，德国未来的军事力量是在北约框架下还是在欧盟框架下发展，还是一个需要讨论的问题。近年来，欧盟一直宣称要搞战略自主，法国总统马克龙还抛出"北约脑死亡"言论。俄乌突然爆发军事冲突后，欧盟有理由要降低对俄罗斯的依赖，但似乎也并没有增加对美国的信任。

在欧盟看来，俄乌冲突的爆发显示欧盟要增强自己的实力，要

---

① "Germany commits € 100 billion to defense spending", Deutsche Welle, Feb. 27, 2022, https://www.dw.com/en/germany-commits-100-billion-to-defense-spending/a-60933724.

② "Germany's army: Will € 100 billion make it strong?", Deutsche Welle, Mar. 3, 2022, https://www.dw.com/en/germanys-army-will-100-billion-make-it-strong/a-60996891.

自己掌控自己的命运。如果德国增加的军事力量不是在北约的框架下，也就不是在美国的领导下进行的，到时不知美国是何态度。此外，不管是北约框架还是欧盟框架，都需要成员国协调行动，目前尚未有其他国家做出如此大规模增加预算的计划，欧洲国家间的相互协调还是个问题。比如，其他国家是否也像德国一样增加这么大比例的经费，是否有一个统一的标准，所需要的军事装备从哪里购买，在不同国家的军火商之间如何分配等问题，还都需要讨论。

另外，德国大规模增加军费的决定是在俄罗斯出人预料的军事行动背景下作出的，未来随着战事的平息，各方对德国大力发展军备的看法会不会有变化，也还需要观察。即便在德国国内，发展军力会不会得到持续的政治支持，也有一定的不确定性。也就是说，对于德国在二战后发展军力而言，俄罗斯在乌克兰的军事行动既是一个历史性的转折点，还是一个波动点，因此还有待进一步观察。毕竟，2022年增加的1000亿欧元军费预算是一次性的，而不是每年预算都增加这么多。

在世界大变局下，德国的军事力量发展也有着不确定性。这也意味着，德美之间的预算问题，尚未一劳永逸地解决，仍然存在一些分歧点。比如，冲突过去数年后，东欧局势趋于平静，德国发展军力的动力下降，不愿意继续多花钱，那么老问题就又回来了。或者，德国和法国以及欧洲其他国家要发展独立于美国的军事力量，那么美国怎么办？或者再大胆想象一下，如果德国抛开欧盟北约框架，发展自己独立的军事力量，那对美国、欧洲和世界意味着什么？在世界大变局下，似乎各种选项都是开放的。

德国大力发展军备还会衍生出其他问题。德国反对党和部分经济学家指出，大量追加军费，或将造成债务陡增、破坏财政纪律等问题。还有观点认为，德国正告别其战后确立的和平主义传统，逐步成为一个"正常的军事国家"，"德国已经被当前局势所推动，朝着一个全球性大国的角色迈进"。①

总体上看,德国与美国的经济关系,很难独立于政治和安全关系而独立存在。当双方政治关系好,双方的战略目标趋于一致,经济上的分歧似乎就不那么重要;但如果反过来,经济上的分歧就有可能升级,甚至上升到"高政治"领域。

第二节 德国与俄罗斯经济关系

德国和俄罗斯是重要的经济伙伴,尤其在能源领域,彼此严重依赖,政治关系紧张或者对立是困扰经济合作的主要障碍。

一、经济彼此依赖

2000年以后,德国与俄罗斯的贸易一度出现稳定增长的态势,但也出现过下滑,一次是2008年金融危机之后,这次贸易量下滑属于全球性质的宏观经济现象,并非源于双边经贸关系的障碍,之后也随着全球经济复苏得以恢复。但2013年之后的贸易量下滑与地缘政治有着密切关系。

从贸易结构上看,2021年的贸易数据显示,德国从俄罗斯进口的主要是原油和天然气,价值194亿欧元,占从俄进口的59%。其他从俄罗斯进口的还有金属(45亿欧元)、焦炭和精炼油产品(28亿欧元)、煤炭(22亿欧元)。德国对俄罗斯主要出口机械设备(58亿欧元),汽车、拖车、半拖车等(44亿欧元),化工产品(30亿欧元)。与俄罗斯的贸易占德国对外贸易总额的2.3%,是

---

① 《德国公布最新国防开支计划》,人民网,2022年3月14日,http://military.people.com.cn/n1/2022/0314/c1011-32374378.html。

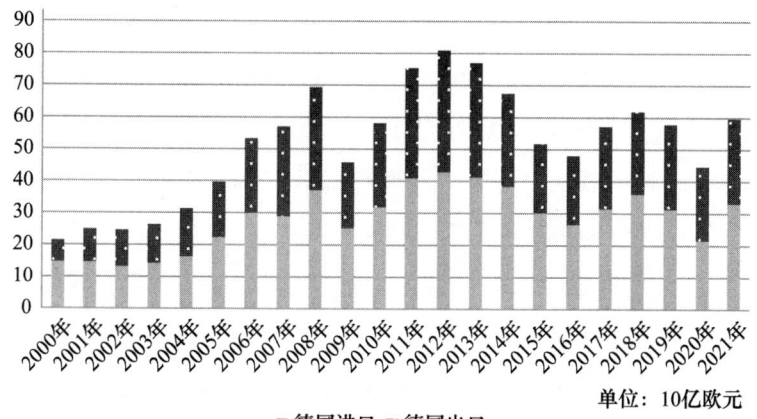

图6-1 德国与俄罗斯贸易额（2000—2021年）

数据来源：德国联邦统计局。①

前十五大贸易伙伴之一，是除了欧盟之外德国的第四大进口来源地和第五大出口目的地。

在投资方面，德俄的相互依赖程度与贸易类似。2019年的数据显示，在德国，俄罗斯实际控制（直接和间接占股50%以上）的企业数量为164家，占据了全部外资的1.9%（与来自美国的17.9%有较大差距），雇佣了8100名员工，年营业额316亿欧元。在俄罗斯，德国投资者控制的企业数量为472家，雇佣了12.9万名工人，年营业额381亿欧元，占俄罗斯全部外资的比例为1.5%（美国为21.1%）。② 德国公司在俄罗斯的企业包括大众、博世-西门子家用电器集团、威斯特伐利亚农业机械制造商克拉斯、麦德龙、汽车供应商莱尼等。

从上面的数据可以看出，进入2000年后，德俄双边贸易一度

---

① "Facts on trade with Russia", Statistisches Bundesamt, Feb. 24, 2022, https://www.destatis.de/EN/Press/2022/02/PE22_N010_51.html.

② "Facts on trade with Russia", Statistisches Bundesamt, Feb. 24, 2022, https://www.destatis.de/EN/Press/2022/02/PE22_N010_51.html.

「德国经济再认识」

稳步发展,但在 2012 年俄罗斯总统选举后,以及 2014 年乌克兰危机发生后,受政治关系影响,双边贸易一路下滑,到 2016 年后才有所回升。2020 年的贸易量下滑是受到了新冠疫情的影响,这是一个全球性的现象。另外,这一年德国对俄罗斯的出口超过了进口,与全球性经济衰退下能源价格走低有关,这也是 1993 年以来德国首次对俄贸易顺差。2021 年,伴随全球经济复苏,德俄贸易也明显恢复,德国也重新回到逆差状态。但 2022 年俄乌冲突的爆发,德国和其他西方国家一起对俄罗斯进行能源方面的制裁,无疑给双边贸易带来负面影响。

德国联邦统计局的数据显示,由于俄乌冲突导致石油和天然气等能源价格大幅上涨,德国 2022 年从俄罗斯进口额增长了 6.5%,达到 353 亿欧元。然而,德国从俄罗斯进口的商品量下降了 41.5%。在德国最重要的商品供应商排名中,俄罗斯从第 12 位跌至第 14 位。从出口数据看,德国 2022 年对俄罗斯商品出口额同比下降 45.2%,至 146 亿欧元。在德国出口最重要的买方国家排行中,俄罗斯从第 15 位下降到第 23 位。有分析认为,鉴于俄乌冲突及其后果,诸如对俄制裁、经济衰退、俄罗斯购买力下降及德国公司持续撤出俄罗斯市场等因素,使德国和俄罗斯的双边贸易关系倒退了几十年。[1]

能源是双方经贸往来的核心内容。总部位于德国杜塞尔多夫的能源公司(Uniper)负责人毛巴赫估计,俄罗斯天然气在德国需求中所占份额为 50%。然而,这个比例是波动的,根据数据提供商安迅思的数据,2021 年 12 月,俄罗斯供应的天然气仅占德国消费量的 32%,挪威贡献了 20%,荷兰占了 12%。德国的天然气需求中,只有 5% 是由德国国内生产的。

---

[1] 《德国 2022 年对俄罗斯出口额同比下降 45.2%》,中国新闻网,2023 年 2 月 10 日,https://www.chinanews.com.cn/gj/2023/02-10/9951384.shtml。

二、政治关系波折

德俄两国的政治关系错综复杂。两次世界大战中，两国都是敌对方。直到冷战结束后，俄罗斯支持两德在联邦德国的框架下实现统一，德俄关系才实现历史性和解，双方的人员、文化交流增加，德国人开始不再视俄罗斯为威胁，俄罗斯人则视德国为西方世界中最亲近的伙伴之一，为双方经济关系奠定良好基础。

2001年，俄罗斯总统普京在德国联邦议会宣布，俄罗斯将致力于"欧洲选择"。[①] 但近20年来，双方的政治关系并不稳定，德国仍然不认为俄罗斯是民主国家，批评俄罗斯搞寡头资本主义，在车臣等政治问题上，对俄罗斯也多有批评。俄罗斯则对德国在南斯拉夫解体、科索沃冲突等问题上的态度感到失望，更反感德国支持北约东扩。

2005年默克尔接替施罗德任总理后，德国外交进一步向美国倾斜，俄罗斯对此更是不欢迎。这一段时间里，俄罗斯和美国关系趋于紧张。在2007年2月的慕尼黑安全会议上，普京尖锐地批评美国的全球霸权。总体看，2011年之前，德俄关系还是向着积极的方向发展的，柏林出台了"现代化伙伴关系倡议"，目的是帮助俄罗斯在经济和民生方面实现现代化。俄罗斯则倡议签署欧洲安全条约，并支持德国关于成立"欧盟－俄罗斯外交与安全政策委员会"的倡议，以解决那些"被冻结的冲突"。普京访问德国时，还曾积极推动"大欧洲"的概念，以作为经济、技术以及政治合作

[①] Dmitri Trenin, "Russia and Germany: From Estranged Partners to Good Neighbors", Carnegie Endowment for International Peace, Jun. 28, 2018, https://carnegiemoscow.org/2018/06/06/russia-and-germany-from-estranged-partners-to-good-neighbors-pub-76540.

的平台。①

但在 2012 年普京宣布将再次竞选总统后，一度积极发展的德俄关系出现了方向上的变化。许多德国人对普京的这一决定表示失望，认为这是俄罗斯向传统政治的回归，并且会对其外交政策产生消极影响。普京则认为，其回归克里姆林宫是受到了美国部署导弹防御系统、鼓动北约东扩、军事介入利比亚等因素的影响，并认为欧洲国家没能够，也不愿意积极的影响美国的相关政策。

普京赢得 2012 年总统选举后，批评西方干涉俄罗斯内部事务，宣称要在国内政治问题上维护国家主权，并开始消除外部势力的影响，举措包括取缔一些有外国资助背景的非政府组织在俄罗斯的活动，对外国的基金会也给予了限制，包括德国的基金会。

2014 年发生的乌克兰危机，让德俄两国关系陷入低谷，可以说是两国"友好关系"走向龃龉的分水岭。比较而言，德国批评俄罗斯的声音更多，也更强，他们已经对俄罗斯失去信任。2018 年，德国由联盟党和社会民主党组成的大联合政府，强调将继续把跨大西洋关系和欧洲一体化置于外交优先位置，同时也更为注重发展与东欧国家的关系，包括波兰和乌克兰。执政两党都反对寻求任何形式的与俄罗斯的特殊关系，也反对俄罗斯重返八国集团。在这种情况下，俄罗斯已经放弃德国对俄政策会比其他欧盟国家更自由的想法。德国在所谓俄罗斯在英国的前特工谢尔盖·斯克里帕尔问题上的反应，也坚定了俄罗斯的想法。

从安全的视角看，从 2014 年后，德国对俄罗斯的态度已经发生了巨大的变化。与 2006 年版《德国国防白皮书》相比，2016 年新白皮书最大的变化之一就是将俄罗斯的定位由伙伴改为对手，并

---

① Marek Menkiszak, "Greater Europe: Putin's vision of European (Dis) Integration", OSW Studies, Oct. 2013, https://www.osw.waw.pl/sites/default/files/greater _ europe _ net.pdf.

将其列入全球十大威胁之一,认为俄罗斯将给德国乃至给欧洲大陆安全带来挑战。德国《世界报》专栏作家托尔斯滕·荣霍尔特认为,德国政府之所以将对俄关系重新如此定义,是因为俄罗斯过于粗暴地坚持自身利益,造成的不利影响也波及了德国的安全利益。2016年版新白皮书指责俄罗斯在欧盟边界的军事活动愈加活跃,认为如果不进行根本性的变革,在可预计的将来,俄罗斯将给欧洲大陆带来安全挑战。

德国外交政策协会俄罗斯问题专家施特凡·迈斯特表示,德国曾一度成为俄罗斯在欧盟的调解员,但近年来的民意调查显示,德俄两国越来越走向对立面。在经营了几十年追求与俄罗斯发展友好政治经济关系的政策后,德国政府在乌克兰问题上愈发表现出与俄罗斯在意识形态上的对立。德国联邦国防军前总参谋长罗德里希·基塞韦特直言:"我曾经把俄罗斯作为战略合作伙伴和竞争对手,而如今它已经成为一个潜在敌人。"① 之后,随着时间的流逝,德俄关系出现了一定缓和的迹象,尤其是能源继续扮演着双方关系纽带的角色,俄罗斯甚至不愿意美国插手德国的能源问题。朔尔茨2020年在担任财政部部长的时候曾对德国媒体说,美国制裁北溪2号是对德国和欧洲内部事务的干涉。当时的德国外交部部长也表示,欧洲的能源政策应该由欧洲决定,不是由美国来决定。②

2022年俄乌冲突的爆发,则让德国和俄罗斯关系缓和成为泡影。不论从国内还是国际的政治环境看,德国都别无选择地加入了制裁俄罗斯的阵营,德国因此付出了沉重的代价,尤其是在能源领域。

---

① 《德国与俄罗斯,"伙伴"变"对手"?》,新华网,2016年6月7日,http://www.xinhuanet.com/world/2016-06/07/c_129044064.htm。
② 《乌克兰危机:德国在进口俄罗斯天然气问题上面对两难》,英国广播公司中文网,2022年2月11日,https://www.bbc.com/zhongwen/simp/world-60333100。

三、能源纽带夯实

关于德俄的能源与政治的关系问题,外交学院的熊炜教授有着精辟的分析。他认为,自20世纪90年代以来,德俄能源合作还发展出一种相互依赖的新模式,在整个价值链上创建了一系列德俄联合项目。俄罗斯和德国公司的合作在整个能源行业价值链上扩展,其中包括联合天然气开采、运输、销售、加工、储存等项目。同时,双方还合作向第三国公司出口俄罗斯天然气,开辟了新的第三方合作领域。从根本上说,德国拥有俄罗斯发展经济需要的现代科技,而俄罗斯拥有德国必需的能源,这种互补关系随着北溪天然气管道项目的实施,变得更加牢固。与其他经济领域相比,能源行业具有战略性和长期性的投资性质,对地缘政治冲击敏感,因此能源行业具有极强的偏好,以保证经贸合作不致因政治外交因素而中断。另外,能源行业还具有集中化和垄断性的特点,容易形成集体行动能力强的利益团体。在双边关系中,能源企业显然是德俄贸易结构中最大的得利集团,基于能源行业的经济利益集团因此成为影响德国对俄外交政策的重要因素。[1]

熊炜教授认为,由于德俄贸易结构的进口替代效应较小,因此难以基于经济利益的得失而形成反对俄罗斯利益的集团。德俄政治关系的变化很难左右双方经济合作发展的现实,只是在发生俄乌冲突这样具有重大地缘政治影响的外生性事件时,德俄经济合作才会受到明显的影响。相反,反对德俄靠近的人士更多基于价值观和意识形态,他们散落在德国各地,虽然在媒体上频繁发声,但实际上却缺乏足够的经济意愿和实力组织形成具有政治影响力的集团,或

---

[1] 熊炜:《失重的"压舱石"?经贸合作的'赫希曼效应'分析——以德俄关系与中德关系为比较案例》,《外交评论》2019年第5期,第93—96页。

者说，至少他们的声音和影响在实际外交决策中远远低于经济利益集团。

2014年爆发的乌克兰危机使德国对俄政策出现了变化。然而，即使德国政府对俄政策趋于强硬，德国很多政要和经济界人士也会公开反对制裁俄罗斯。德国著名商业集团麦德龙前首席执行官埃克哈德·考德斯在德国媒体上不遗余力地向公众宣传，德国人应更加"理解"俄罗斯。与此同时，德国经济东方委员会也是关于西方对俄制裁政策最为强劲的批评者，多次公开呼吁应取消或改变对俄制裁政策。其2015年的调查显示，受西方对俄制裁影响，德国对俄出口下降，但大多数受访德国企业家和商人依然积极评价俄罗斯的商业环境和市场潜力，88%的德国企业希望结束对俄罗斯的制裁，同时，大多数德国企业家批评德国媒体对俄乌冲突的报道过于倾向乌克兰，没有反映事件的真实情况。①

统计数据显示，2012—2021年的10年时间里，德国对俄罗斯能源进口的依赖大幅增加，来自俄罗斯的天然气供应份额从40%攀升至55%。在石油进口方面，这个时期来自俄罗斯的份额也从38%上升到42%。

具有标志性意义的是，在参与制裁俄罗斯的同时，德国坚持推进与俄罗斯合作的北溪2号天然气管道项目。该项目于2015年签约，2018年动工，预计于2019年底完成。由于北溪2号会绕过乌克兰和波兰等国直接从俄罗斯向德国输送天然气，一旦开始运营，将有可能增加欧洲对俄罗斯的能源依赖和中东欧国家的地缘政治风险，而这显然与西方制裁俄罗斯的目标相矛盾，因此包括法国在内的大多数欧盟国家和美国都强烈反对该项目。但是，德国却为实施该项目付出了大量外交努力，不仅坚称该项目纯系商业行为，而且

---

① 熊炜：《失重的"压舱石"？经贸合作的'赫希曼效应'分析——以德俄关系与中德关系为比较案例》，《外交评论》2019年第5期，第96—99页。

在 2019 年 2 月欧盟讨论新的政策指令之前，默克尔亲自给所有欧盟成员国领导人打电话以寻求支持。德国经济和能源部部长阿尔特迈尔表示，北溪 2 号项目符合德国的能源供应安全利益，德国支持且视俄罗斯为可靠的合作伙伴，并将继续推动项目建设。①

在西方与俄罗斯交恶的大背景下，德俄关系总体维持稳定。作为与俄罗斯经济联系密切的国家，德国还曾提议阶段性取消对俄制裁。2016 年 5 月底，德国外交部部长施泰因迈尔曾在俄德"波茨坦会晤"论坛上提议，《明斯克协议》的执行出现实质性进展时，可以考虑逐步解除对俄制裁。当年，德国总理默克尔还表示，赞同俄罗斯逐步向欧盟经济区靠拢。②

四、未来走向何方

笔者在写这一部分时，正值 2022 年 3 月俄乌冲突发生之时，德国由于在能源问题上对俄罗斯具有依赖，在考虑制裁时"投鼠忌器"，因而引发了很多讨论和反思。有代表性的观点认为，数十年来，德国的能源游说集团都宣称对俄罗斯的能源依赖是无害和互利的，德国需要油气，俄罗斯需要资金，大家各取所需。甚至还有人提出这样的观点，与俄罗斯的贸易有助于德国的国内改革。在施罗德和默克尔任总理期间，许多德国人都被这样的观点所吸引。对来自美国的对德国过度依赖俄罗斯能源危险性的警告，德国人不屑一顾，认为美国人不过是为了兜售自己的能源和获取商业利益罢了。一些来自中东欧国家政府的警告也没有得到其应有的重视，被认为是冷战思维。德国舆论认为，这些批评者被证明是正确的，在

---

① 熊炜：《失衡的"压舱石"？经贸合作的'赫希曼效应'分析——以德俄关系与中德关系为比较案例》，《外交评论》2019 年第 5 期，第 99—100 页。

② 《德国与俄罗斯，"伙伴"变"对手"？》，新华网，2016 年 6 月 7 日，http://www.xinhuanet.com/world/2016-06/07/c_129044064.htm。

2022年俄乌冲突爆发后，德国在能源上处于十分尴尬的境地，发现自己不得不再一次向美国求助。[1]

2022年的俄乌冲突让德国的能源供应陷入非常尴尬的局面。当军事冲突发生时，德国天然气市场有一个困境，就是天然气存储量处于历史低点。阿斯托拉是俄罗斯天然气工业股份公司的子公司，主要业务是在欧洲运营天然气存储，拥有德国超过三分之一的存储设施。2022年2月，也就是冲突发生时，其运营所有储备点有一个共同特点，就是储备几乎耗尽，大概只有10%左右。德国经济和气候保护部部长罗伯特·哈贝克认为，这些存储设施被系统性地倒空，目的是推高天然气价格，进而给德国施加政治压力。[2]

俄乌冲突爆发前，德国大概55%的天然气、50%的硬煤、30%的石油从俄罗斯进口。对于战略石油储备，德国的规定是需要满足90天的使用量，但对于天然气和煤却没有这样的硬性要求，相关运营公司可以自行决定储备量。2022年2月俄乌冲突爆发后，德国舆论认为，这显然是一个错误，经济和气候保护部有意尽快出台相关立法，要求天然气存储设施必须在任何一年的10月底前达到存储量的80%，12月达到90%，在2月要达到40%。经济和气候保护部认为，在夏天前充实天然气储备是必要的。

对于德国而言，挪威、荷兰、英国等欧洲生产国很难取代俄罗斯的天然气。根据奥斯陆政府的说法，挪威正在竭尽所能地生产，荷兰也不能再提高其供应量了。而英国本身正在遭受天然气短缺和创纪录的天然气价格，这已经使一些小型天然气

---

[1] "Opinion: Europe is bankrolling Putin's war on Ukraine", Deutsche Welle, Dec. 3, 2022, https://www.dw.com/en/opinion-europe-is-bankrolling-putins-war-on-ukraine/a-61104096.

[2] "Ukraine crisis forces Germany to change course on energy", Deutsche Welle, Jan. 3, 2022, https://www.dw.com/en/ukraine-crisis-forces-germany-to-change-course-on-energy/a-60968585.

供应商破产。

油气出口占据俄罗斯财政收入的30%—40%，是俄罗斯发动战争最为重要的经济支撑。2021年，俄罗斯国营企业的石油出口收入就达到了1800亿美元，也就是说每天都有5亿美元进账。另外，2021年俄罗斯天然气出口的收入还有620亿美元。在2022年油气价格飙升的情况下，俄罗斯的出口收入也就更高。而俄罗斯在乌克兰的军事行动，预计每天的开支为10亿美元。也就是说，俄罗斯油气出口收入和战争开销相当。如果要迫使俄罗斯终止军事行动，一个有效办法就是通过禁止进口俄罗斯的油气，切断其相关收入。即便俄罗斯转而将油气出口给其他国家，那么价格也会偏低，也会影响俄罗斯的收入。

在北约不愿意直接与俄罗斯发生军事冲突的局面下，北溪2号，乃至整个俄罗斯能源出口，都被西方认为是制裁俄罗斯的最好目标，美国、英国在冲突后也宣布了不再从俄罗斯进口石油和天然气。但这两个国家本来从俄罗斯进口的能源就少，本国也有较大比例的油气资源供应，来自俄罗斯的能源不那么重要。但德国不同，德国油气资源匮乏，严重依赖从俄进口，封锁俄罗斯的能源出口就相当于切断德国的进口，制裁德国的能源企业，让老百姓为高价能源买单。如果把西方制裁说成是双刃剑的话，一面伤的是俄罗斯，另一面伤的则主要是德国，美英这些国家受影响相对其较小。

在西方国家中，德国对俄罗斯的态度是"孤独的"。德国舍不得割弃与俄罗斯的经济联系，尤其是在能源方面。但德国是西方的一员，与美国和欧盟国家的关系才是其外交优先，因而对俄政策不可能大幅偏离西方整体的对俄立场。而西方国家对俄的整体态度变得愈加冷淡和警惕，它们没有德俄那样紧密的能源关系，因而在制裁俄罗斯方面顾忌更少。德国作为北约和欧盟成员，在重大事件中选边只能选择西方。这也是为什么在2022年的俄乌冲突发生后，虽然德国极不情愿,但还是得停止已经建设完工的北溪 2 号。德国政府认为,俄罗斯的这一行为违反了国际法的基本准则,给两国政治关系蒙上阴影。[1]

那么,德国真的会永远放弃北溪 2 号和俄罗斯的油气吗? 从比例上看,来自俄罗斯的能源供应是很难取代的,至少在短期内是如此。乌克兰危机并非是第一次发生,2022 年的这一次当然比 2014 年那次更为严重,但结果真的会不同吗? 2022 年 3 月 17 日,俄罗斯与乌克兰的冲突正在进行时,乌克兰总统泽连斯基在德国联邦议会视频演讲时提出公开批评,认为多年来德国一直将经济关系置于欧洲安全之前,事实上是在给俄罗斯提供战争资金,让乌克兰十分失望。[2] 但 2014 年乌克兰危机之后,德国对俄罗斯的能源依赖不降反增。2022 年俄乌冲突结果会如何,只能留给时间来观察。俄乌冲突后,北溪 2 号的命运一直是各方关注的焦点,对于德国来讲,北溪 2 号虽然割舍不得但又难以保留,因此处于尴尬的两难处境,2022 年 9 月意外发生的北溪管道爆炸事件,终于让德国摆脱了选择困难。

第三节　德国与"印太"经济关系

在德国的对外经济关系中,"印太"作为一个明确的概念出现的时间并不早,是在美国等的"印太战略"出台之后出现的,但"印太"对德国经济有着重要意义。

---

[1] "Germany and Russian Federation: Bilateral relations", Gernan Federal Foreign Office, Feb. 22, 2023, https://www.auswaertiges-amt.de/en/aussenpolitik/laenderinformationen/russischefoederation-node/russianfederation/218616.

[2] "Zelensky accuses Germany of letting down Ukraine", Financial Times, Mar. 18, 2022, https://www.ft.com/content/a2d9c938-fa52-4627-8e56-1898434497ae.

一、德国的"印太"概念

虽然"印太"在德国成为热门词相对较晚,但这一概念却是由德国人创造的。德国地缘战略学家卡尔·豪斯霍弗在1924年创造了"印度洋-太平洋"这样一个地理概念。2020年9月,德国政府发表的《德国-欧洲-亚洲共同塑造21世纪:德国政府对印度洋-太平洋地区的政策指南》,正式将"印太"地区列为战略关注重点。这一文件的出台使德国成为仅次于法国的第二个拥有明确"印太战略"的欧洲国家。[①]

随着中国、印度等国发展,"印太"地区逐步占有较大的世界经济总量和重要的政治影响力,世界经济、政治中心开始"东升西降"。根据清华大学阎学通教授的定义,"世界中心"是由位于中心地区的国家实力决定的,而不是由自然地理位置决定的。世界地缘政治中心的两个必要条件是:第一,必须是世界上最具影响力国家的所在地;第二,应该是大国激烈争夺的地区。[②]

在这个意义上,"印太"地区包含了美国、中国、日本、韩国、印度、澳大利亚等世界上最发达和最具发展潜力的几大经济体,同时,这里有对国家发展至关重要的资源和海上运输通道。总体看,"印太"地区有30多亿人口,是世界能源和贸易路线的中心。世界上40%的石油供应每天在印度洋上纵横交错,途经马六甲海峡和霍尔木兹海峡等关键过境点。[③]

[①] 沈孝泉:《法德两国印太战略的差异》,国际网,2020年9月15日,http://comment.cfisnet.com/2020/0915/1320805.html。

[②] 阎学通著,李佩芝译:《大国领导力》,中信出版社2020年版,第111页。

[③] John J. Hamre, "Defining Our Relationship with India for the Next Century: by U. S. Secretary Rex Tillerson", Center for Strategic and International Studies, Oct. 18, 2017, https://www.csis.org/analysis/defining-our-relationship-india-next-century-address-us-secretarystate-rex-tillerson.

"印太"在国际政治中是流行的地缘政治术语，但至今尚未形成统一的定义。不同国家的"印太战略"体现了该国对地区秩序的看法以及在该地区战略利益的优先事项。在德国的"印太政策指导方针"中，并没有通过精确的地理资料来明确"印太"区域的范围。德国理解的"印太"概念主要是指印度洋和太平洋形成的整个地区，是一个地缘政治和地缘经济相互作用的空间，没有一个清晰的地理上的定义。①

二、对德国经济的重要性

"印太"地区虽然距离德国较远，但对于德国经济却十分重要，至少可以说是越来越重要。

（一）经济机遇

"印太"地区包含世界前三大经济体：美国、中国、日本，以及发展迅速的第五大经济体——印度，这也构成了世界上最繁荣的经济舞台。美国前国务卿雷克斯·蒂勒森曾表示，到21世纪中叶，亚洲在全球GDP中所占的份额有望超过50%。在德国外交部发布的"印太政策指导方针"新闻稿中明确指出，世界上超过一半的人口居住在印度洋和太平洋周边国家，最近数十年来，诸如越南、中国和印度等国已实现了经济的快速增长。随着亚洲的崛起，该地区在经济和政治上的重要性也在提高，战略竞争也在加剧。"印太"地区正在成为塑造21世纪国际秩序

---

① Felix Heiduk and Nedim Sulejmanovi, "Will the EU Take View of the Indo – Pacific? Comparing France's and Germany's approaches", German Institute for International and Security Affairs, Working Paper, January 2021, p. 17.

的关键。①

德国是世界第四大、欧洲最大的经济体。根据欧盟委员会2020年统计，欧盟前十大贸易伙伴，有一半位于"印太"地区（中国、美国、日本、韩国、印度）。② 所有这些贸易伙伴的重要性会随其经济的不断发展而凸显。德国"印太政策指导方针"认为，"印太"地区的经济体普遍扩张强劲，它们在全球经济增长的份额超过60%，这一趋势对德国出口产生了积极影响。近年来，德国在全球出口的平均增长率低于3%，而在"印太"地区的出口每年约为7%。③

新冠疫情的暴发导致了全球性的经济衰退，但"印太"地区拥有年轻的人口群体、日益壮大的中产阶级和充满活力的经济体制，对德国和欧盟的经济发展日益重要。④ 南亚、东南亚、东亚以及澳大利亚和新西兰与德国的货物贸易额在过去几十年中稳步增长，已达到20%以上，接近4200亿欧元。⑤ 多年来，德国在该地

---

① "'Germany – Europe – Asia: Shaping the 21st Century Together': The German Government Adopts Policy Guidelines on the Indo – Pacific Region", German Federal Foreign Office, Sep. 1, 2020, https://www.auswaertiges – amt.de/en/aussenpolitik/regionaleschwerpunkte/asien/german – government – policy – guidelines – indo – pacific/2380510.

② "Euro Area International Trade in Goods Surplus €29.2 bn", Eurostat, Dec. 2020, p. 2, https://trade.ec.europa.eu/doclib/docs/2013/december/tradoc_151969.pdf.

③ "Policy Guidelines for the Indo – Pacific: Germany – Europe – Asia Shaping the 21st Century Together", German Federal Government, Sep. 1, 2020, p. 47, https://www.auswaertiges – amt.de/blob/2380514/f9784f7e3b3fa1bd7c5446d274a4169e/200901 – indo – pazifik – leitlinien – – 1 – – data.pdf.

④ "Policy Guidelines for the Indo – Pacific: Germany – Europe – Asia Shaping the 21st Century Together", German Federal Government, Sep. 1, 2020, p. 47, https://www.auswaertiges – amt.de/blob/2380514/f9784f7e3b3fa1bd7c5446d274a4169e/200901 – indo – pazifik – leitlinien – – 1 – – data.pdf.

⑤ "Policy Guidelines for the Indo – Pacific: Germany – Europe – Asia Shaping the 21st Century Together", German Federal Government, Sep. 1, 2020, p. 9, https://www.auswaertiges – amt.de/blob/2380514/f9784f7e3b3fa1bd7c5446d274a4169e/200901 – indo – pazifik – leitlinien – – 1 – – data.pdf.

区的直接投资与德国对外投资总额的比例一直在增长。德国数以百万计的就业机会依赖于这些贸易和投资。鉴于这一巨大潜力,这一地区的开放市场对德国来说有至关重要的利益。[1]

德国的经济繁荣与"印太"息息相关。在"印太"地区地缘政治重要性和复杂性上升的背景下,德国认为其利益面临着一定的挑战与威胁。德国作为世界最大的贸易国之一,其经济繁荣严重依赖"印太"地区。2019年的数据显示,德国保持着世界第三大出口国和第三大进口国的地位,在世界贸易中的份额为7.1%,对外贸易依存度(进出口占GDP的比例)约为87.8%。德国的就业也严重依赖国际贸易,大约28%的岗位与出口相关,在制造业甚至达到56%。[2]

(二)航线安全

印度洋因独特的地理位置成为很多国家海上航道的"生命线",是沟通亚洲、非洲、大洋洲和欧洲的重要海上通道,其海上运输价值伴随各国"印太战略"的提出而更为显著。曼德海峡-红海-苏伊士运河,连接地中海和印度洋,是欧洲重要的贸易运输通道,马六甲海峡则是沟通太平洋与印度洋的国际水道。全球40%的贸易运输要经过马六甲海峡,40%的原油贸易要通过霍尔木兹海峡,[3] 足见其对航运的重要性,而德国又是全球贸易大国,如果"印太"地

---

[1] "Policy Guidelines for the Indo–Pacific: Germany–Europe–Asia Shaping the 21st Century Together", German Federal Government, Sep.1, 2020, p.9, https://www.auswaertiges-amt.de/blob/2380514/f9784f7e3b3fa1bd7c5446d274a4169e/200901-indo-pazifik-leitlinien--1--data.pdf.

[2] "Facts about German Foreign Trade", German Federal Ministry for Economic Affairs and Energy, Sep.2019, https://www.bmwk.de/Redaktion/EN/Publikationen/facts-about-german-foreign-trade.pdf?__blob=publicationFile&v=1.

[3] Robert D. Kaplan, "Center Stage for the 21st Century: Rivalry in the Indian Ocean", Real Clear Politics, Mar.16, 2009, https://www.realclearpolitics.com/articles/2009/03/rivalry_in_the_indian_ocean.html.

区航线出问题，德国海上贸易也会受到很大影响。2021 年 3 月 23 日，因巨型油轮"长锡号"搁浅在苏伊士运河，导致 200 多艘前往欧洲的船只无法通行，根据德国公司分析，运河的封锁将会使全球贸易每周损失 60 亿—100 亿美元。①

德国作为一个具有全球利益的开放型经济体，自由的海上贸易路线和海上安全对其至关重要。全球超过 90% 的对外贸易都是通过海洋进行的，"印太"地区海上贸易路线和供应链的安全，对于德国的经济来说至关重要。德国超过 20% 的贸易在太平洋地区进行，在过去的 15 年里，德国与该地区的贸易额几乎翻了一番。如果这些海上贸易供应链中断，将对德国的经济繁荣和粮食供应造成严重后果。

随着众多域外行为体纷纷介入"印太"地区，大国博弈下地缘政治紧张局势日益加剧。海上和陆上边界争议、国内和跨界冲突、恐怖主义网络这些不稳定因素对地区和全球稳定造成威胁。同时，中美之间的战略竞争成为该地区的重要地缘特征，部分地区国家存在被迫选边站而陷入单方面依赖的风险。德国前外交部部长马斯认为，德国社会的繁荣取决于开放的航运路线、实体和数字互联互通以及参与正常运作的增长型市场。在"印太"地区出现新的两极分化，以及新的分界线将损害这些利益。该地区的军备竞赛和潜在冲突可能会引起全球动荡。②

（三）落实工业战略

德国的数字技术一直是其经济发展的短板，在"印太战略"

---

① Mary Ann Russian, "The Cost of the Suez Canal Blockage", BBC News, Mar. 30, 2021, https://www.bbc.com/news/business-56559073.

② "Policy Guidelines for the Indo-Pacific: Germany-Europe-Asia Shaping the 21st Century Together", German Federal Government, Sep. 1, 2020, p. 2, https://www.auswaertiges-amt.de/blob/2380514/f9784f7e3b3fa1bd7c5446d274a4169e/200901-indo-pazifik-leitlinien--1--data.pdf.

中加入数字经济这一项重要内容，旨在借助"印太"地区的经济发展机遇来推动数字化转型。德国计划从三个方面来具体实施：

一是增强互联互通，与"印太"地区主要伙伴一同加强基础设施建设。德国以欧盟2018年通过的"连接欧亚战略"为依托，在此基础上加强与日本的可持续互联互通和高质量基础设施伙伴关系，以及与东盟的伙伴关系，欧盟的"邻国、发展和国际合作工具"将为其战略投资提供资金支持。在国家层面上，德国复兴信贷银行也能够向能源、公共交通等基础设施领域提供资金。

二是在"工业4.0"背景下推动欧洲与"印太"地区的市场一体化。制造业是德国经济的支柱，"工业4.0"的引入是为了以信息化技术推动工业生产方式的变革，提高德国的核心竞争力。德国计划以5G、人工智能、数据使用等方面内容与日本和韩国展开数字对话。此外，德国还计划与日本、中国、澳大利亚开展"工业4.0"框架下的合作。①

三是提升人工智能技术水平。人工智能是数字化转型中的关键技术，也是欧盟应对中国和美国之间技术竞争的重要突破口。2018年11月，默克尔政府推出一项数字战略，宣布到2025年将投资30亿欧元用于人工智能，该战略主要用于数字化教育、基础设施、创新的数字化转型、数字社会以及现代化国家这五大领域。②

总之，作为出口导向型的贸易大国，德国将经济繁荣作为优先事项。随着"印太"地区将成为世界权力和经济中心，德国经济高度依赖该地区的市场开放、贸易往来、海上通道安全以及与伙伴

---

① "Policy Guidelines for the Indo – Pacific: Germany – Europe – Asia Shaping the 21st Century Together", German Federal Government, Sep. 1, 2020, p. 19, https://www.auswaertiges – amt. de/blob/2380514/f9784f7e3b3fa1bd7c5446d274a4169e/200901 – indo – pazifik – leitlinien – – 1 – – data. pdf.

② "Germany Launches Digital Strategy to Become Artificial Intelligence Leader", Deutsche Welle, Nov. 15, 2018, https://www.dw.com/en/germany – launches – digital – strategy – to – become – artificial – intelligence – leader/a – 46298494.

国家的合作。维护"印太"地区的安全与稳定,并进一步利用其经济发展的机遇,是德国"印太战略"的首要战略目标。①

三、德国"印太战略"特点

德国虽然是主权国家,但作为欧盟成员国,其经济政策主权并非完全在自己手中,尤其在贸易方面,决策权在欧盟机构。因此,德国对"印太"经济政策的首要特点就是依托于欧盟。

德国在"印太战略"文件中提出了其政策遵循的七条基本原则,第一条就是"欧洲行动",认为欧盟及其成员国采取团结的和一致的行动,更有利于捍卫其利益。德国此份文件的一个重要目的就是推动欧盟制定相关战略。② 2021年9月,也就是德国的"印太"政策文件发表一年后,欧盟也发表了自己的"印太战略",名为"欧盟印太合作战略",③ 内容上看与德国的文件有很大的相似性。

德国政府在自己的政策文件中明确表示,德国将积极支持欧盟在贸易政策方面的作用,以世界贸易组织为核心和框架,强化多边贸易体系。对于"印太"地区,德国支持欧盟采取一些特别的政策,目的是改善市场准入,确保价值链安全,促进"公平贸易",愿意在欧盟与其他伙伴达成自由贸易与投资协定方面发挥积极作用。

---

① 王晓文:《德国默克尔政府的"印太战略"及对中国的影响》,《印度洋经济体研究》2021年第4期,第27—28页。

② "Policy Guidelines for the Indo – Pacific: Germany – Europe – Asia Shaping the 21st Century Together", German Federal Government, Sep. 1, 2020, p. 11, https://www.auswaertiges – amt.de/blob/2380514/f9784f7e3b3fa1bd7c5446d274a4169e/200901 – indo – pazifik – leitlinien – – 1 – – data.pdf.

③ "EU Strategy for Cooperation in the Indo – Pacific", The Diplomatic Service of the European Union, Feb. 21, 2022, https://www.eeas.europa.eu/eeas/eu – strategy – cooperation – indo – pacific_en.

第六章　德国与世界经济

在"印太"地区，2011年，欧盟首先与韩国达成了自贸协议。2019年，欧盟与日本的自贸协议生效。德国政府认为，这两个协议为欧盟与东亚其他国家的自贸谈判提供了框架，认为这有利于欧盟推广自己的自贸标准。目前，欧盟还在与澳大利亚和新西兰进行谈判。东南亚和东盟的角色很特别，东盟有6.3亿人口，人口年轻，经济活力足。2019年，欧盟与新加坡签署了自贸协议，2020年，欧盟与越南的自贸协议和投资协议生效。

德国认为，东盟将是一个有吸引力的伙伴，因为东盟在建设自己的经济区，最终目标是建立单一大市场，实现商品和资本的自由流动。除了东盟以外，德国还认为印度的经济很有活力，并支持印度改革，消除贸易和投资壁垒，同时支持欧盟与印度展开自贸谈判。[1]

德国"印太"政策的另一个特点是强调人权、环境保护等"国际规则"。这些规则包括《联合国工商业与人权指导原则》[2]《关于跨国企业和社会政策的三边原则声明》[3]，以及经济合作与发展组织《跨国企业准则》[4]等。[5]德国政府认为，经济发展与人权

---

[1] "Policy Guidelines for the Indo-Pacific: Germany-Europe-Asia Shaping the 21st Century Together", German Federal Government, Sep. 1, 2020, p. 48, https://www.auswaertiges-amt.de/blob/2380514/f9784f7e3b3fa1bd7c5446d274a4169e/200901-indo-pazifik-leitlinien--1--data.pdf.

[2] "United Nations Guiding Principles on Business and Human Rights", United Nations Human Rights Office of the High Commissioner, 2011, https://www.ohchr.org/sites/default/files/documents/publications/guidingprinciplesbusinesshr_en.pdf.

[3] "ILO declaration of principles concerning multinational enterprises and social policy", International Labour Organization, https://www.ilo.org/empent/areas/mne-declaration/WCMS_570332/lang--en/index.html.

[4] "OECD guidelines for multinational enterprises", OECD, 2023, http://mneguidelines.oecd.org/guidelines/.

[5] "Policy Guidelines for the Indo-Pacific: Germany-Europe-Asia Shaping the 21st Century Together", German Federal Government, Sep. 1, 2020, p. 49, https://www.auswaertiges-amt.de/blob/2380514/f9784f7e3b3fa1bd7c5446d274a4169e/200901-indo-pazifik-leitlinien--1--data.pdf.

保护并行不悖，两者是相互补充的，德国尊重每个"印太"地区国家的历史和文化，但也致力于推行所谓的普世人权。[①]

在德国人看来，强大的经济实力是推广自身价值观的工具，这和欧盟其他国家类似。比如，2019年6月欧盟与越南在河内签署了自由贸易协定和投资保护协定，虽然越南经济体量有限，但欧盟和德国对此也十分重视，很大程度上是因为这是欧盟与发展中国家达成的"最具雄心"的协定，对于推广欧盟价值观和规则意义重大。

欧盟作为发达国家集团，在环境保护、气候变化、劳工权利、政府采购、医药卫生、知识产权等领域，与发展中国家的标准存在差异，这在"印太"地区表现得也比较明显。欧盟一直试图将这些规则向外推广，但绝大多数发展中国家都难以接受。但越南作为发展中国家，几乎全盘接受了这些规则，这对欧盟来说是一个重要胜利。

比如，在劳工权利方面，双方都将接受国际劳工组织的核心原则，包括劳工可以自由加入工会；在政府采购方面，欧盟企业将会享受和本地企业同等的机会；在汽车、制药等领域，越南承认欧盟的安全标准；在气候方面，履行《巴黎协定》《联合国气候变化框架公约》以及《京都议定书》。随着越南与欧盟签署协定，未来欧盟在国际舞台上推广这些规则也更有信心。欧盟委员会主席容克称，这一协定展现了双方对开放、公平和基于规则的贸易的承诺。对于德国和欧盟来说，对外经济政策中掺杂了价值观等政治因素，这也体现在其"印太"经济政策当中。

[①] "Policy Guidelines for the Indo‑Pacific：Germany‑Europe‑Asia Shaping the 21st Century Together", German Federal Government, Sep. 1, 2020, p. 11, https://www.auswaertiges‑amt.de/blob/2380514/f9784f7e3b3fa1bd7c5446d274a4169e/200901‑indo‑pazifik‑leitlinien‑‑1‑‑data.pdf.

第四节 德国的世界经济研究

德国作为世界主要经济体之一，关注的视角不限于本国和欧洲，对世界经济也有着密切观察和深入研究。在英语环境和美英主流经济思想的影响下，德国的世界经济研究似乎没有得到应有的重视。这部分介绍德国的几个著名经济研究所，从中可以体现出德国对世界经济的关注和研究。

一、伊福经济研究所

伊福经济研究所，即慕尼黑大学莱布尼茨伊福经济研究所，1949年成立于慕尼黑，是一家公益性的、独立的经济研究所，具有很强的国内外影响力。

1949年1月，南德经济研究所和经济观察信息与研究中心合并，成立了伊福经济研究所。路德维希·艾哈德，被称为社会市场经济的奠基人，是伊福经济研究所成立过程中的一个关键人物。在慕尼黑，他奠定了应用经济政策研究的基础，这到目前仍是伊福经济研究所的基石。

该研究所的宗旨是"重塑德国和欧洲经济政策的辩论"。该研究所认为，之所以能够做到这一点，是因为他们的研究与经济政策具有很强的相关性，他们的研究结论会对政策决策者和商界领袖提供有价值的信息。该研究所致力于让媒体和公众理解其研究结果，并把政治和经济事件进行分类。

伊福经济研究所的研究致力于兼顾学术的优点和政策相关性，其研究工作可以分为五大行动领域：经济研究、政策咨询、提供资讯、参与公共辩论和培养青年经济学家。该研究所认为，研究是提供政策咨询的基础，要基于更新的知识参与公共辩论；青年学者对研究工作作出了杰出贡献，对研究所至关重要；提供咨询能够确保其研究成果送达利益相关群体，方式包括组织活动、通过媒体传达以及公开出版等形式。该机构每月发布的商业景气指数广为人知，在商界有着很强的影响力。2006年的数据显示，德国研究机构在国际经济学期刊上发表的文章中约有四分之一来自伊福经济研究所的研究人员。

该研究所研究的核心议题是政府在保持经济可持续发展和社会团结方面可发挥的作用。该所认为，政府必须在四个领域发挥作用：一是确保资源的利用能够带来最大化受益；二是促进经济发展的稳定性和可持续性；三是提供社会保障；四是尽可能多地提供教育机会。该所的研究议题与社会市场经济概念紧密联系在一起，也就是同时追求经济效率、稳定和社会平衡。

伊福经济研究所一般会在每年年会时发表年度报告。年度报告会就研究和服务部门的工作做出总结，一般会突出年度主题，并有一章介绍人员、财务和组织机构，以及会议、发表刊物和对外交流等内容。2020年年度报告题为《走出新冠大流行之路：伊福经济研究所如何帮助解决危机》，[1] 其中新冠疫情占据了大量篇幅，年度报告可在网站自由下载，同时提供其他研究信息的下载服务，包括书籍、论文、杂志等。

研究所有8个核心研究领域，对应成立了8个研究中心，分别是：宏观经济学与调查研究中心；公共财政与政治经济研究中心；劳动力与人口经济学研究中心；经济学与教育研究中心；产业组织与新技术研究中心；能源、气候与资源研究中心；国际经济学研究

---

[1] "Annual Report 2020: Ways Out of the Coronavirus Pandemic – How the ifo Institute Is Helping Resolve the Crisis", Ifo institute, Jun. 10, 2021, https://www.ifo.de/DocDL/jb_2020_e.pdf.

中心；国际机构比较与移民研究中心。此外还设立了税收与财政政策研究小组和伊福经济研究所德累斯顿分部，这两个部门相对独立，有单独的办公地点，执行不同的研究计划和工作，但彼此紧密联系，共同服务于伊福经济研究所的总体目标。

就具体的研究议题来看，除了社会保障、税收、数字基础设施、教育、产业政策、劳动力市场、养老金、公共债务等德国国内经济问题外，伊福经济研究所还广泛涉猎重要的与国际经济有关的问题，比如气候变化、新冠病毒、数字税、欧盟改革、国际贸易、全球化等。在2022年3月，伊福经济研究所还很快把俄乌冲突作为重要研究题目，认为这一事件不仅是军事和地缘政治的转折点，而且正在改变经济形势，影响短期及中长期的经济增长前景：增长变弱的同时通胀高企，滞胀的风险在上升；货币政策面临两难，提高利率虽然有助于抑制通胀，但也会抑制经济；财政政策效果有限，虽然能够重新分配通胀的负担，但却不能将其消除。[1]

二、基尔世界经济研究所

基尔世界经济研究所位于德国北部石勒苏益格－荷尔斯泰因首府基尔，法律上是一家独立研究机构，其基本的资金来自联邦政府和州政府。该研究所最早成立于1914年，当时的名字叫基尔大学皇家海洋运输与世界经济研究所[2]，创建人伯恩哈德·哈姆斯是德国经济学家，也是最早从事国际经济学研究的教授之一。在该所悠久的历史中，其研究工作一直被各个历史时期的时事政治事件和全球经济挑战所主导。该研究所享有盛誉，因为其研究工作既有理论

---

[1] "War in Ukraine", Ifo Institute, https：//www.ifo.de/en/topics/war-in-ukraine.

[2] 德文名字为：Königliches Institut für Seeverkehr und Weltwirtschaft an der Universität Kiel.

的基础,又有经验的支撑。

该研究所将"为世界经济的紧迫问题提供可行的创新解决方案"视为主要任务,将自身视为在德国研究全球化问题的机构,其宗旨是理解并塑造全球化。研究国际经济活动的驱动力和影响、全球市场的整合和裂变,以及在开放经济体中政治行为带来的机遇与局限。该研究所研究世界经济时,不仅把其视为各个国家经济的总和,而且将其作为一个需要被理解和塑造的经济区。

该研究所为政界、商界及国际社会提供决策建议,并将经济决策相关的重要信息及时传达给公众。2022 年 4 月,也就是俄乌冲突发生后不久,该所研究人员就对冲突的经济影响做出预估,认为2022—2023 年,德国经济将因为这场冲突遭受 2200 亿欧元的损失,大概相当于德国 GDP 的 6.5%。[①]此外,作为世界经济研究的重要门户,该研究所拥有由国内专家和国际专家组成的庞大网络,他们的研究成果被直接或间接地用于基尔研究所的研究与咨询活动。

基尔世界经济研究所与全球最大的经济与社会学类图书馆——莱布尼茨经济信息中心携手合作,每年主办具有重要影响力的全球经济研讨会,把先进的研究成果转变为具体的可实施的对策建议。全球经济研讨会的目的在于汇聚商界、决策界、学术界和民间社会的领导者,集结他们的力量,提出具体的对策建议。

该研究所有 8 个研究中心,分别是:

1. 商业周期与增长研究中心,定期对宏观经济进行预测,并提供政策建议;

2. 全球公域与气候政策研究中心,具体包括气候、土地和海

---

① "'Worst crisis since the second world war':Germany prepares for a Russian gas embargo", Financial Times, Apr. 21, 2022, https://www.ft.com/content/e82b11a1 - cf1f - 4543 - 9f9f - 6ab70da6b746.

洋 3 个研究领域；

3. 全球合作与社会团结研究中心，主要研究如何推动全球合作、识别破坏社会团结的原因等问题；

4. 创新与国际竞争研究中心，主要研究议题有数字化的挑战、创新活动地点的变化、企业国际化与创新的关系等；

5. 国际发展研究中心，主要研究全球化对国际发展的影响，以及如何在把这些好的影响最大化的同时，让风险降到最低；

6. 国际金融与宏观经济研究中心，主要研究跨境资本流动、主权债务违约、经常账户失衡、国际金融稳定、经济危机等问题；

7. 国际贸易与投资研究中心，主要是研究国际贸易与外国直接投资的决定因素和影响，以及区域和世界范围内的移民问题；

8. 贸易政策研究中心，主要研究经济制裁、贸易战等地缘经济挑战，以及国际贸易协议的达成和破坏。

从这些研究中心的设置可以看出，该研究所十分关注全球经济，而不仅仅是德国国内经济。此外，该研究还搭建了 3 个研究平台。

第一个平台是基尔全球化研究中心，该中心致力于跨学科研究，评估全球化的一个重要方面，即全球供应链的发展。为此，基尔全球化研究中心集合了经济学、伦理学和管理科学领域的研究工作者。通过将这些领域的专业知识结合在一起，基尔全球化研究中心可以从不同视角分析全球生产活动重新布局的收益和成本。基尔全球化研究中心还研究全球供应链的一些重要现象，以及其产生原因和结果，并评估相关的伦理方面的议题。

该中心认为，这将打开一个具有创新性的研究领域，可以对全球化的经济后果进行更为细致的分析。这有助于学界、决策者和大众更多地讨论这一高度有争议的议题，基尔全球化研究中心的研究会给这些讨论提供更多的信息，最终有助于理解全球化是如何运作的，以及需要采取什么样的措施来消减全球化的负面影响。基尔全球化研究中心的目标是通过对全球化进行跨学科研究,在不同的群体之间搭建起一座桥梁,最大程度推动知识和看法的交流。

第二个平台是基尔非洲倡议研究所。在德国和欧洲,关于非洲的讨论有很多。在政治方面的主要关切是,人口的增长和气候变暖将会导致巨大的移民压力,非洲大陆上的年轻人缺乏足够的就业机会。目前,德国以及欧洲采取的措施主要是更加严格的移民限制措施,以及提供大规模援助。也有乐观的观点认为,21世纪的非洲在贸易和投资方面具有很大的增长潜力。

该研究所认为,在公共辩论中,对于非洲的国际经济关系,还有进一步研究的空间。为此,该研究所为主要来自经济领域的专家搭建了一个平台,帮助他们交流研究成果,进行联合研究,并与决策者和公众对话,讨论的核心议题是非洲和欧洲的关系。第一批倡议的活动包括两个研究项目:一是"中国在非洲:扩展经济与社会发展的成果",旨在研究中国介入非洲事务带来的经济和社会影响,比如贸易、投资、援助、债务、移民等方面;二是"聚合非洲的经济学研究",具体包括非洲贸易与投资政策、宏观经济发展、公共财政,以及当地市场对德国企业蕴含的潜力等方面。①

第三个平台是基尔世界经济研究所中国中心。基尔世界经济研究所认为,多年来中国一直是世界上最大的出口国、最大的新兴经济体,也是欧洲仅次于美国的第二大出口目的地。有一点值得特别关注,那就是与欧洲相比,中国的政府在商业活动、发展规划和经济外交方面的作用要大得多,中欧在维护以规则为基础的多边世界经济方面有共同利益。

基尔世界经济研究所关注中国的共建"一带一路"倡议,认为其是一项全球发展战略,旨在通过基础设施建设和项目投资,将

---

① "Kiel Institute Africa Initiative", IfW, https://www.ifw-kiel.de/institute/initiatives/kielinstituteafricainitiative/.

中国与150多个国家联系起来。在该研究所看来,尽管基尔世界经济研究所中国中心发展较为迅速,但仍不够。在欧洲,尽管中国这个新兴经济体在国际经济关系中扮演着越来越重要的角色,特别是在德国和欧洲内部,但关于中国在全球经济中重要作用的研究却很少。基尔世界经济研究所中国中心致力于弥补这方面的鸿沟,为此构建了关于中国经济的学界和政策领域专家组成的网络,目的是在一个更广泛的层面交流知识和看法,推动研究工作,发展联合研究项目,并为学术和政策辩论提供素材。在这一领域的合作伙伴是基尔大学。①

三、德国经济研究所

德国经济研究所位于德国首都柏林,成立于1925年,当时的名称为"商业周期研究院"。由于具有90多年的历史,该研究所见证了近一个世纪以来的所有重大历史事件。该研究所从经济和社会角度对时政热点问题予以分析,在研究结论的基础上形成和传播政策建议。作为莱布尼茨协会的成员,德国经济研究所是独立的非营利机构,主要由政府资助。

为解决未来面临的实际问题,该研究所以多学科的方式进行研究,研究力量不仅来自德国,还有欧洲和国际层面。该研究所大约57%的资金来自联邦政府和州政府,42%来自项目合约,1%来自会员会费和捐赠等。由于得到公共资金资助,作为莱布尼茨协会会员,该研究所致力于与更广泛的公众对话,为政策辩论提供帮助。该研究所有8个研究部门:

1. 宏观经济研究部,负责对总体经济发展进行经验和理论分

---

① "Kiel Institute China Initiative", IfW, https://www.ifw-kiel.de/institute/initiatives/kielinstitutechinainitiative/.

析，并研究国家和国际的经济政策；

2. 预测与经济政策部，核心工作是进行经济预测，其旗舰产品是每月发布的经济晴雨表，以及每季度发布的经济展望；

3. 国际经济部，聚焦研究影响全球经济的特定金融问题，如检测国际金融市场的经济功能，以及经济政策对国际资本流动的影响等；

4. 能源、运输与环境部，主要研究的问题是能源系统转型，能源和气候政策对资源和环境的影响，包括运输市场；

5. 气候政策部，为向气候友好型经济转型进行研究，具体包括二氧化碳定价、电力市场设计、融资工具设计等；

6. 企业与市场部，研究企业的战略行为对效率、生产率及经济增长的影响，以及企业运营的政治和制度环境；

7. 公共经济部，核心议题是德国的财政、社会政策，以及家庭、公司和决策者的行为模式；

8. 教育与家庭部，从宏观经济的视角研究教育以及其他与家庭有关的问题，核心的议题是在多大程度上可以充分开发一个经济体的人力资源潜力。

此外，该研究所设有社会经济调研小组，在全世界范围内进行广泛的多学科家庭调查，大概每年有1.5万个家庭的3万人会接受调研。社会经济调研小组所得到的调研数据不仅为自身研究使用，而且可以提供给全世界的研究人员。德国经济研究所研究生中心还提供以实践为导向的经济学博士培养计划。[1]

四、汉堡世界经济研究所

汉堡世界经济研究所是德国历史最悠久的独立经济研究机构之

---

[1] "The Institute", DIW, https://www.diw.de/en/diw_01.c.618953.en/the_institute.html.

一，致力于研究基础和应用经济问题，同时服务于商界、政界和社会。其根源最早可以追溯至 1908 年，当时一个汉堡商人想了解世界经济的运转，进而成立了该研究所。目前，汉堡商会是汉堡世界经济研究所唯一的股东，汉堡联邦国防军大学①是与其合作密切的研究伙伴。

汉堡世界经济研究所有五大研究领域：一是国际经济与贸易。该研究所认为，国际贸易的强劲增长是近几十年来全球发展的一个重要趋势。尽力促进商品、资本以及劳务的交易，已经成为 21 世纪社会的一个标志性特征。然而，保护主义倾向却再次出现在政治议程上。有迹象表明，全球化发展到了一个新阶段，数字化、获得关键资源以及全球财富的重新分配，对于未来的发展至关重要。该研究所致力于研究这一演变的短期和长期影响，分析国际商品、资本和知识流动的驱动因素，以理解当今时代的发展趋向。方法论上，该研究所使用了多种先进的计量经济学方法。

二是数字经济研究。该研究所认为，数字革命正在彻底地改变市场、竞争方式和产业状态。通过研究数字经济，可以帮助政界和商界解决在数字转型过程中面临的复杂挑战。该研究所在这一领域进行量化分析，并开发特定的模型、研究方法和解决方案，以理解潜在的经济关系。通过更好地了解技术、经济和管理之间的互动关系，可以更积极地塑造经济和社会转型进程。

三是劳动、教育和人口。这一领域的研究人员使用定量方法，基于德国和欧洲应用微观计量经济学领域的数据进行实证研究，重点是劳动经济学、教育经济学和家庭经济学。与人力资本相关的决策、其决定因素和结果是其研究的核心问题，研究中特别强调收入、教育不平等以及父母资源在儿童教育途径中的作用。此外，该研究所还分析人口和技术变化等社会经济趋势如何塑造个人行为，

---

① 德文表述为：Helmut‑Schmidt‑Universität。

以及这如何反馈到劳动力短缺或收入不平等的宏观经济现象中。

四是能源环境经济学。该研究所认为,在全球层面,由于人口和财富的增长,能源和资源的消耗量持续增加。在此背景下,发达国家致力于限制资源使用,以应对气候变化等不利后果。将经济增长与生态目标相结合的可持续发展,仍然是这个时代面临的最大挑战之一。在这一领域的研究中,该研究所广泛使用微观和宏观经济模型。此外,该研究所特别强调跨学科工作,认为自然科学家和工程师的观点至关重要。

五是城市和区域经济学。该领域的研究涉及城市和农村地区的结构和经济变化,重点是德国北部以及波罗的海附近地区。该研究所认为,一个地区的增长潜力和竞争力可以从多方位的因素进行分析,比如人口的变化、工人的资质和数量、创新能力、生活质量等,现存的基础设施、住房和工业结构的质量也非常重要。该研究所和不莱梅的研究同仁利用官方统计、其他可获得的数据以及自己的经济模型,在国家和欧洲层面对这一问题进行分析。定量和定性研究的结论都会转换成咨询建议,供商界和公共决策者参考。①

五、德国科隆经济研究所

德国科隆经济研究所是一家私营经济研究所,致力于促进自由的经济和社会秩序。该研究所位于科隆市,成立于1951年,由德国雇主协会联合会和德国工业联合会赞助,在德国经济协会注册,在柏林和比利时布鲁塞尔设有办事处。作为智囊团,它结合了研究、咨询和传播服务。

该研究所认为,世界正在经历迅速变化。全球化、人口发展、欧洲一体化、金融市场监管和数字化是经济和社会变革的例子。知

---

① "About Us", HWWI, https://site-1271730-7806-5165.mystrikingly.com/.

识是社会发展、经济繁荣最宝贵的原材料。"发展和传播经济知识，从而引发变革"是德国科隆经济研究所承担的任务，其明确目标是使经济适应未来。

该研究所有 11 个研究部门：

1. 劳动力市场研究部，主要研究在全球化和数字化等趋势下劳动力市场的变化；

2. 职业教育研究部，旨在分析职业教育如何为企业作出贡献；

3. 职业参与和认同研究部，为残障人士参与劳动提供信息，帮助其充分发挥潜力；

4. 教育、移民和创新部，研究教育和移民如何确保提供技术熟练的劳动力；

5. 数字化、结构改变和竞争研究部，在持续变化的环境中观察和分析企业的行为，并提供工作建议；

6. 金融和房地产市场研究部，分析金融和房地产市场变化对宏观经济的重要意义，关注最新的立法动态，为企业、商业协会和政府提供研究服务；

7. 国际经济与经济展望研究部，分析商业周期以及其他宏观经济议题，比如人口变化和劳动生产率增长放慢，展望德国、欧洲以及世界未来经济增长前景；

8. 公共财政、社会保障和再分配研究部，通过建立理论和经验框架、分析财政政策的效果，作用于对企业对个人的激励和再分配，进而评估政府的再分配政策；

9. 关税政策和产业关系研究部，主要研究职工参加企业经营、工资决策过程以及收入政策；

10. 环境、能源和基础设施研究部，主要研究经济和环境之间的互动关系；

11. 行为经济学与商业道德研究部，从心理学和社会学的角度，分析价值观、准则、规则以及制度的经济影响。

此外，该研究所还有3个研究小组：一是大数据分析小组，通过新方法和新技术组建数据；用新方法把数据集联系起来；将大数据用于经济分析和商业用途；分析地区基础设施等。

二是宏观经济分析与预测小组，动态关注经济发展趋势，并定期进行分析与预测，研究结果向大众公布，也用于科学研究、学术交流等。

三是微数据和方法开发小组，汇集研究所主管领域的微数据分析专业知识，在劳动力市场、教育、公共预算和分配、人口统计、金融和房地产市场，以及能源等领域使用微观数据，除了对收入分配、教育结构和公司结构等进行描述性评估外，微观数据还可用于识别变量之间的相关性。[1]

六、哈雷经济研究所

哈雷经济研究所成立于1992年1月1日，位于德国东部萨克森－安哈尔特州的哈雷市，是莱布尼茨协会成员。它的机构预算分别来自联邦政府和州政府，各占一半。就其法律地位而言，哈雷经济研究所是一个注册协会。与这一身份相适应，研究所注重直接服务于公众利益。在这一框架内，哈雷经济研究所也承担机构资助的任务，为第三方开展研究。

该研究所主要研究的第一个议题是新冠疫情对经济和社会的影响。自新冠疫情暴发以来，该研究所就密切关注疫情对德国、欧洲以及世界的近期和中期影响，其结论发表在《经济展望》的季刊和半年刊中。该研究所认为，经济利益与防疫措施并不必然地相互排斥，最好的政策就是成功控制疫情。该所研究人员支持政府在疫情下举债对社会提供援助。但也认为，钱只能用在经济和社会确实

---

[1] "Institute", IW, https://www.iwkoeln.de/en/institute.html.

受到冲击的地方，而不能用于刺激总消费。

第二个议题是金融稳定。该研究所认为，如果物质资本和人力资本构成了现代资本主义的"身体"，那么金钱就是将营养从心脏分配到行动系统的"血液"。拿人的心脏做比喻的话，金融机构和市场代表了动脉和静脉，它们提供了基础设施，将氧气等资源输送到需要它的组织，并将用过的资金输送回心脏以重新开始循环。哈雷经济研究所的金融市场部门，旨在加深人们对这个复杂的金融经济系统是如何设计和相互作用的理解。

第三个议题是劳动生产率。该研究所认为，可用资源是稀缺的，在一个生态和人口结构发生变化的世界里，为了维持人们的收入和生活水平，需要更明智地利用资源。生产力研究是经济学的核心，因为它描述了这些稀缺资源转化为商品和服务，进而转化为社会财富的效率。比如由于生态的原因，我们必须要减少资源的消耗，社会目前的物质生活水平就只能通过生产力的增长来维持。老龄化和由此引起的劳动力短缺是未来的主要挑战。如果生产率没有增长，解决方案是难以想象的。

第四个议题是民主德国问题研究。该研究所认为，两德重新统一后，经济趋同进程几乎没有进展。根据所使用的统计数据，民主德国地区的经济表现停滞在联邦德国水平的70%—80%。即使比较具有相同劳动力规模和相同行业的公司，在民主德国地区与联邦德国地区同等集团之间的生产力仍然存在差距。从经济的角度看，这是由于民主德国地区缺乏教育和科研方面的投资，以及国际化的程度不够。

第五个议题是行为研究。该研究所认为，仔细权衡成本和收益，然后作出理性的决定，这可能是理论上所追求的。但实际上，无形的情绪、经历、偏见甚至利他主义也会影响我们的决定。人类的决策行为远比利益最大化者所暗示的传统经济人的模型复杂得多。哈雷经济研究所的行为经济学家正在调查这些非理性因素对社会经济运行过程的影响，他们使用心理学工具箱并设计实验和研究，来识别和缩小现实与经济人模型中的差距。

第六个议题是人口变化。该研究所认为，人们关注和讨论过2015年和2016年成千上万的难民涌向欧盟成员国，尤其是德国，但人口变化这一更为严重和长期的问题却被"巧妙"回避。尽管对某些人来说可能听起来不受欢迎——移民对德国至关重要，因为没有其他方法可以抵消人口变化，因为人口不断老龄化，劳动力市场、市政基础设施投资和德国养老金体系目前都没有做好充分准备。①

---

① "Topics"，IW，https：//www.iwh-halle.de/en/topics/behaviour/.

第七章　德国与中国经济关系

德国与中国的经济关系对彼此都很重要，在疫情下这种经济关系也没有受到明显的负面影响，双方经贸往来逆势增长，但也涌现出一些值得关注的动向。

第一节　经贸往来务实发展

中国和德国作为世界两大经济体，多年来经贸合作一直保持务实发展的势头。进入 21 世纪后，德国与中国的贸易量持续增长，逐步超过了与荷兰、英国、美国的贸易量，并且优势持续扩大。

根据数据，2021 年中德双边贸易额为 2351.2 亿美元，同比增长 22.5%，其中中国出口 1151.9 亿美元，同比增长 32.7%；进口 1199.3 亿美元，同比增长 14.1%。德国联邦统计局公布的数据显示，截至 2021 年底，中国连续 6 年蝉联德国全球最大贸易伙伴。中国从德国主要进口车辆及其零配件、机械器具及零件、电机电气设备、光学照相医疗设备、药品、塑料及其制品、航空器航天器及其零件、钢铁制品、肉及食用杂碎、木及木制品；主要出口电机电气设备、机械器具及零件、纺织制成品、家具灯具、光学照相医疗设备、车辆及其零部件、非针织服装及附件、有机化学品、玩具、塑料及其制品。

「德国经济再认识」

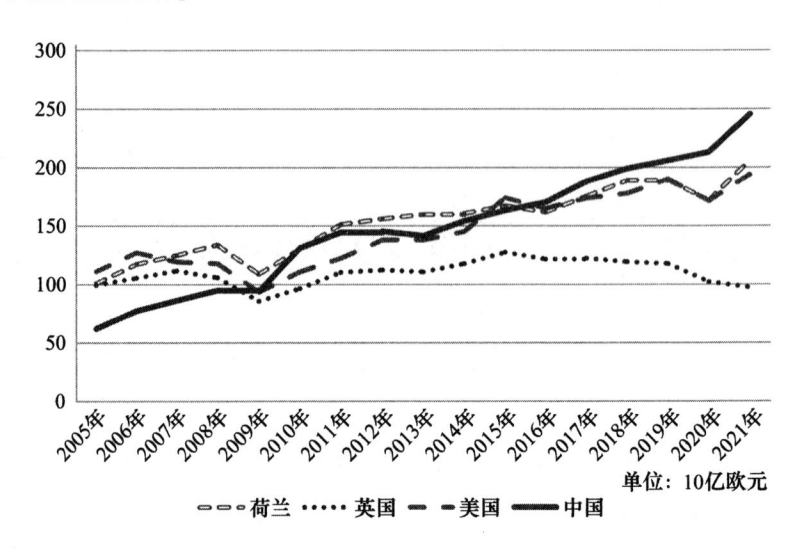

图 7-1 德国与主要贸易伙伴的贸易量（2005—2021 年）

数据来源：德国联邦统计局。①

在直接投资方面，德国是欧盟对华直接投资最多的国家，截至 2021 年底，中国累计批准德国企业在华投资项目 11836 个，实际使用金额 380.9 亿美元。经中国商务部核准的中国累计在德国全行业投资存量为 156.5 亿美元。德国在华主要投资领域为汽车、化工、发电设备、交通、钢铁、通信等，大部分为生产性项目，技术含量高，资金到位及时。

数据显示，2019 年在德国的中资企业数量为 462 家，雇佣员工超过 8.1 万人，销售额 370 亿欧元，占德国外资企业销售额的 2.3%；在中国的德资企业数量为 1765 家，雇用员工约 52.9 万人，年销售额近 1925 亿欧元，占全球海外德资企业销售额的 7.4%。②

在技术合作方面，德国是欧洲对华技术转让最多的国家。截至

---

① "Press release No. 068 of 18 February 2022", Statistisches Bundesamt, https://www.destatis.de/EN/Press/2022/02/PE22_068_51.html.
② 《中德经贸合作"疫"中攀新高》，中国网，2022 年 2 月 23 日，http://ydyl.china.com.cn/2022-02/23/content_78066012.htm。

2021年底，中国累计从德国引进技术合同26801项，合同金额965.9亿美元，2021年新引进项目761件，所涉金额63.3亿美元，与2020年相比增长107.8%，主要涉及交通运输、通信、电子电气、机械制造、金属加工、化工制药等领域。

在金融合作方面，中国银行、工商银行、建设银行、交通银行、农业银行5家中资银行已在德国设立分行，中国人民银行在德国设立代表处。2011年6月，人民银行和外汇局在首轮中德政府磋商期间，宣布在人民银行驻法兰克福代表处内设立外汇交易室。2014年3月，人民银行与德国中央银行签署《关于在法兰克福建立人民币清算机制的谅解备忘录》。6月，中国银行法兰克福分行被指定为人民币法兰克福清算行。7月，默克尔总理访华期间，中方宣布向德方提供800亿元的人民币合格境外机构投资者额度。两国保险业监管机构于2001年9月签署保险监管合作备忘录。2014年10月举行的第三轮中德政府磋商达成的《中德合作行动纲要：共塑创新》确定，两国正式启动中德高级别财金对话机制。2015年3月，马凯副总理率团赴德举行首轮对话。2019年1月，国务院副总理刘鹤同德国副总理兼财政部部长朔尔茨在北京举行第二轮对话。[1]

第二节　疫情之下逆势增长

中德经贸往来在疫情下非但没有脱钩，而且表现出愈加紧密的势头。

2020年是新冠疫情暴发之年，对全球经济冲击巨大，德国作

---

[1] 《中国同德国的关系》，中华人民共和国外交部网站，2023年4月，https://www.mfa.gov.cn/web/gjhdq_676201/gj_676203/oz_678770/1206_679086/sbgx_679090/。

为贸易大国自然受到很大影响。统计数据显示，2020年，德国出口总额12047亿欧元，同比下降9.3%，是自2013年以来首次下降；进口总额10256亿欧元，同比下降7.1%，进出口均创自2009年欧洲债务危机以来同比最大降幅。

具体从国别数据看，2020年，德国前三大出口目的国分别为美国、中国和法国：对美出口1038亿欧元，同比下降12.5%；对华出口959亿欧元，同比下降0.1%；对法出口910亿欧元，同比下降14.6%。2020年德国前三大进口来源国分别为中国、荷兰和美国：自华进口1162亿欧元，同比增长5.6%，远超第二大进口来源国荷兰（884亿欧元，同比下降9.6%）和第三大进口来源国美国（678亿欧元，同比下降5.0%）。

从上述数据可以看出，疫情冲击之下，中德经济保持了稳固发展的势头，德国对华出口基本未下降，对华进口还实现了增加，在疫情之下十分难得，体现出了中德贸易关系的韧劲。

2021年，虽然疫情并未恢复，甚至还一定程度恶化，但中德贸易却出现逆势上扬。根据德国联邦统计局的数据，2021年德国进口总额为12022亿欧元，同比增长17.1%，其中自中国进口1417亿欧元，同比增长20.8%。自疫情暴发以来，中德始终保持密切联系，积极开展医疗物资合作，加强宏观经济政策协调，开启必要人员往来"快捷通道"，为人员和货物跨境流动提供便利。这些举措为中德贸易平稳发展创造了有利条件，推动双边经贸合作不断深化。

取得这样的成绩主要得益于两国领导人的战略引领。无论是在默克尔时代，还是在德国新任总理朔尔茨就职后，中德领导人之间均保持密切沟通，建立了良好的工作和个人关系。在两国领导人的战略引领下，中德经贸合作克服疫情冲击，展现出巨大潜力，全方位、多层次、宽领域合作格局更加巩固。

另外，中国经济蓬勃发展，展现出强大韧性，也是关键因素。新冠疫情暴发以来，中国有效防控疫情，率先复工复产，在世界主要经济体中率先实现正增长。中国经济对世界经济增长的贡献率约为25%，在世界产业链和供应链中的地位与作用大幅提升。除此以外，中国在稳外贸、稳外资方面出台的相关措施也对中国经济迅速恢复起到了关键作用。①

在疫情背景下，双方新的合作领域也不断涌现。在前面关于德国产业状况的分析中，我们提到过德国作为欧盟国家中的"领头羊"，也正在经历数字化转型，制定了诸多关于数字化发展的战略方针和政策，将数字领域作为经济任务的重中之重，这也为中德合作创造了机遇。

比如德国的主导产业汽车产业，伴随着数字化影响，未来20年的汽车和交通行业可能发生比过去130年更大的变革。德国经济部部长阿尔特迈尔预计，未来几年德国将迎来电动汽车市场的突破，2030年电动汽车在新车销量的占比将达到80%。2021年，德国外贸与投资署驻华代表丹尼斯·维尔肯斯表示："德国是适合设立欧洲总部，并开发欧洲市场的强大商业根据地。德国还是世界上自动驾驶专利、研究和IT人才队伍最多的国家之一，对于中国公司而言，德国是入驻的绝佳地点。2020年，中国对德绿地投资和扩建项目数量增长10%。特别是对于在数字自动化领域有解决方案的公司来说，德国有很好的机会。"②

2020年4月，大众集团收购中国电动汽车电池企业国轩高科26%的股份，成为第一大股东和首家投资中国电池生产企业的外资汽车公司。同时，宝马和国网电动汽车服务公司签署合作协议、戴姆勒和北汽合资制造智能电动汽车等，这些强强联合、优势互补的新型互利合作，推动了中德两国企业在价值链上的深度整合。中德

---

① 《中德经贸合作"疫"中攀新高》，中国网，2022年2月23日，http：//ydyl.china.com.cn/2022-02/23/content_78066012.htm。

② 展颜：《德国加速发展数字经济 打造理想数字投资地》，《中国对外贸易》2021年第10期，第72—73页。

在5G、人工智能、自动驾驶、生物医药和新能源等数字领域，有很大的合作潜力。

2022年，即便是俄乌冲突给全球带来了巨大震动，新冠疫情也还没有过去，但这些都没能阻止中德的经贸往来。德国联邦统计局2023年2月16日公布的数据显示，2022年德国和中国双边贸易额为2979亿欧元，中国连续第七年成为德国最重要的贸易伙伴。2022年德国从中国进口额为1911亿欧元，同比增长33.6%；德国对中国出口额为1068亿欧元，同比增长3.1%。[①] 即便是对中国态度比较苛刻的德国研究学者也认为，商贸行为不会隔夜就发生变化，在很长时期内，中国仍将是德国最重要的贸易伙伴。

第三节　多重挑战逐渐显现

中德经贸关系也不能说是高枕无忧，双方的产业结构和在价值链中的分工正在接近，"不可避免地"会在德国出现一些忧虑情绪，有些已经转化成为政策。

一、担忧经济对华依赖过于严重

在经济全球化背景下，工业生产的对外依赖度日益增高，而外部一旦发生危机，可能威胁本国工业安全，以制造业为本的德国对此尤为关切。有欧洲主流舆论认为，德国占欧元区制造业总产出的40%，经济上依赖中国。而且，德国对中国经济的依赖在欧元区是

[①]《中国连续第七年成为德国最重要贸易伙伴》，新华网，2023年2月16日，http://www.news.cn/2023-02/16/c_1129371829.htm。

独一无二的。①

德国作为欧洲第一大经济体，在与中国经贸合作中，数量大属于正常现象。但德国以及欧洲经济和舆论界还认为，中德经贸合作不仅在绝对数量方面在欧洲国家中居于第一，在相对数量，也就是占比方面，也居于第一位。

英国《金融时报》刊登的荷兰合作银行整理的数据显示，德国对华出口占其 GDP 的比例接近 3%，在所有欧盟国家中位居第一，而法国还不到 1%。

2019 年 1 月，德国工业联合会发表报告，敦促政府重视企业进口来源和出口市场多元化，以减少对中国的过度依赖。② 2019 年 2 月，德国联邦经济和能源部发布《国家工业战略 2030》报告，提出"闭环工业增值链"的想法，认为若从研发、基本材料获取，到加工制造、分配、服务等各个生产环节都集中在同一区域，则可显著增强生产的抵抗风险能力，也有利于企业扩大竞争优势。③

如果说德国的"闭环工业增值链"还是停留在纸面上的构想，那么新冠疫情暴发后，欧洲国家医疗物资供应严重不足，似乎增加了让"构想"走向现实的动力。有欧洲智库认为，在制药等领域对中国的依赖已经在欧洲引发了焦虑和恐惧，保障产业链韧性已经成为欧盟的优先目标。④

---

① "The Merkel era in charts: what changed in Germany?", Financial Times, Sep. 20, 2021, https://www.ft.com/content/259523b5-a24e-426e-8167-a421cec8ceed.

② "Partner and Systemic Competitor – How Do We Deal With China's State – Controlled Economy?", The Federation of German Industries (BDI), Jan. 10, 2019, https://english.bdi.eu/publication/news/china-partner-and-systemic-competitor/.

③ 李超:《德国产业政策新转向值得关注》，《瞭望》2019 年第 13 期，第 58—59 页。

④ Jonathan Hackenbroich, Jeremy Shapiro and and Tara Varma, "Health Sovereignty: How to Build a Resilient European Response to Pandemics", European Council on Foreign Relations, Jun. 29, 2020, https://www.ecfr.eu/publications/summary/health_sovereignty_how_to_build_a_resilient_european_response_to_pandemics.

在德国和法国 2020 年 5 月联合提出的规模多达 5000 亿欧元的欧洲经济复苏计划中，也明确提出"在产业链上要降低对中国的依赖，增加欧洲经济和产业的韧性"。[1] 鉴于欧盟在政策上出现产业回迁动向，中东欧国家也积极计划利用自身的地理、劳动力成本、工业基础等优势，希望能够成为欧洲产业回迁的落脚地。保加利亚副总理托米斯拉夫·东切夫认为，欧盟的产业链重组对保加利亚"是个好机会"。波兰经济研究所甚至准备了几套方案，用于将在中国制造的半成品和制成品基地转回欧洲。

在医疗产业，德国虽然是药品和医疗设备的净出口国，但药品的原材料高度依赖中国，如抗生素中 80% 的原材料来自中国厂商。[2] 根据德国伊福经济研究所 2020 年的调查，38% 的受访德国经济学家支持把基础服务行业（如医药、医疗设备）的价值链迁回欧洲。[3]

有研究通过分解德国出口增加值的来源地，进而发现各国作为提供原材料或中间品的供应商在德国出口贸易中的重要性。结论认为，中国已经成为德国在价值链上游最依赖的欧盟以外的国家。2019 年，在主要增加值来源中，德国上游对中国依赖度从 2005 年的 1.85% 上升到 2019 年的 4.45%，中国成为德国出口增加值的第一大境外来源国，高于美国（2.81%）、法国（2.56%）、意大利（2.22%）等国家。不过，从区域上看，德国在价值链上游最依赖

---

[1] "Germany and France Unite in Call for €500bn Europe Recovery Fund", Financial Times, May 19, 2020, https://www.ft.com/content/c23ebc5e-cbf3-4ad8-85aa-032b574d0562.

[2] Morris Hosseini, "Lieferengpässe bei Medikamenten durch Coronavirus: Krise mit Ansage", Roland Berger, Mar. 25, 2020, https://www.rolandberger.com/de/Point-of-View/Lieferengp%C3%A4sse-bei-Medikamenten-durch-Coronavirus-Krise-mit-Ansage.html.

[3] Johannes Blum, Martin Mosler, Niklas Potrafke und Fabian Ruthardt, "Bewertung der wirtschafts politischen Reaktionen auf die Coronakrise", Ifo Schnelldienst, 73. Jahrgang, 2020, pp. 48-51.

的供应伙伴是欧盟，德国对欧盟成员国的依赖度超过17%，其中对东欧国家的依赖度逐年上升，2019年已经达到3.59%。①

二、对来自中国的投资收紧政策

德国和欧盟的技术和经济发展水平高，长期以来处于产业链高端，也是中国改革开放进程中重要的投资和技术来源方。中国作为发展中国家，过去相当长一段时间对欧投资很少。但在美国金融危机和随后的欧洲债务危机爆发后，中欧经济关系出现新动向，即中国对欧盟单一大市场的直接投资大幅增加，从2008年的8.4亿美元，增加到2016年的420亿美元。② 这一现象引起了德国和欧盟决策层的关注。③

2017年，德国通过对来自欧盟以外国家投资的审查立法，首次明确了关键基础设施定义和涉及国家安全的技术清单。对于这些领域的外来收购，如果超过公司股份的25%，则被认为将对其国家安全和公共秩序产生潜在威胁，须提交政府审查。2018年，德国政府又两次下调这一比例要求，先后降至15%和10%。④

德国的政策转变在欧洲具有代表性。在欧盟层面，2019年4月10日，欧盟完成了对外国投资审查机制的立法程序。根据新规则，外资收购特定的部门，比如能源、港口、机场、电信、数据、

---

① 寇蔻、史世伟：《全球价值链视角下的中德经贸依赖关系》，《国际论坛》2021年第6期，第58页。

② Valbona Zeneli, "Mapping China's Investment in Europe", The Diplomat, Mar. 14, 2019, https://thediplomat.com/2019/03/mapping-chinas-investments-in-europe/.

③ Tobias Gehrke, "Redefining the EU-China Economic Partnership: Beyond Reciprocity Lies Strategy", EGMONT Royal Institute for International Relations, Security Policy Brief, Feb. 2019, p. 1.

④ "Investment Screening Becomes more Rigorous", BDI, https://english.bdi.eu/article/news/investment-screening-becomes-more-rigorous/.

航空和金融领域，都必须接受审查。2020年底前，欧盟委员会将可就特定的投资要求成员国提供信息，并发表自己的意见，虽然其意见尚不具备法律效力，但具有很大的象征意义，预计会得到成员国决策层的重视。同时，欧盟机构和成员国之间，预计还有更大程度的信息共享和政策协调。① 即便在疫情肆虐、欧洲经济面临严重衰退的情况下，欧盟委员会仍在提醒成员国对陷入困境的企业提供支持。②

---

① Erik Brattberg and Philippe Le Corre, "The EU and China in 2020: More Competition Ahead", Carnegie Endowment for International Peace, Feb. 19, 2020, https://carnegieendowment.org/2020/02/19/eu-and-china-in-2020-more-competition-ahead-pub-81096.

② "Vestager Urges Stakebuilding to Block Chinese Takeovers", Financial Times, Apr. 13, 2020, https://www.ft.com/content/e14f24c7-e47a-4c22-8cf3-f629da62b0a7.

第八章　德国金融与对外战略

德国金融有其自身特点，作为曾经的崛起大国和现在的发达国家，德国似乎无意成为金融霸权国家，并不刻意用金融手段服务于自己的对外战略。德国金融的这一特点，在与美国、英国和其他欧洲国家的比较中更能显现出来。本章，将首先回忆英国、美国这两个曾经的金融霸权国家，如何用金融手段服务于自己的全球目标；其次分析欧元这一目前的世界第二大货币，如何利用货币金融手段实现政治目标；最后再与德国的金融相比较。可以发现，相对于其他资本主义大国，在金融领域，德国确实是一个"不一样"的国家。

第一节　英国：最早的霸权

英国看似是一个没落贵族，但我们回顾历史，又怎能忽视其曾经的辉煌。它造就了资本主义世界第一个霸权，英镑也是第一个霸权货币，领先于美元近70年。笔者在写这一章时，对于先写美国还是先写英国犹豫许久，前者的金融霸权就在我们身边，而英国的影响似乎已经变得模糊。也许正是因为它距离我们遥远，回顾英国的做法，似乎对我们启发更大，能让我们把金融服务对外战略的本质看得更清楚。

「德国经济再认识」

故事还要从大英帝国的崛起说起。我们知道，17 世纪中叶到 19 世纪末，伴随着光荣革命带来的政治体制的巨大变化，以及工业革命刺激下快速发展的国家经济，英国从一个岛国成长为世界霸主，将"整个世界第一次联系起来"。在这一过程中，英国的金融体系也逐步发展、完善和成熟。在当时的历史条件下，和其他西方主要资本主义国家相比，英国在金融领域的探索和发展可以说是革命性的，后人称之为"金融革命"。

一、战争金融

英国崛起的年代，正是殖民时期，为了争夺殖民地，欧洲国家间战争频仍。英国也正是在与欧洲列强的战争取得胜利后，才得以称霸全球。战争需要依靠军队和武器，英国能够在战争中取得最后的胜利，我们从表面看到的是英国军备更胜一筹，但隐藏在背后不为人们所熟知的却是金融。

在那个年代，殖民国家由于持续的战争，财政上基本都是不堪重负，而打仗就是烧钱，哪个国家资金实力最为雄厚，拥有足够的军费开支，就能够笑到最后。融资成为取得战争胜利的关键，但募集资金并非易事。对于当时欧洲各国的君主而言，依靠自有的资金和税收打仗是远远不够的，都需要从贵族、商人那里借钱。实际情况是，君主们往往借了钱不还，或者打了败仗没有能力还，因而名声和信用都不怎么好，这让持续的借钱变得困难，英国也面临这样的处境。

1688 年英国和法国之间开始了九年战争，当时的法国在经济规模、领土、人口方面全面占据优势，英国处于被动局面，战争经费不足。在这样的局面下，1694 年，在伦敦金融城 1200 多位商人的推动下，成立英格兰银行的方案很快得到议会批准，迅速拿到了国王授予的特许权。

英格兰银行是一家股份制的金融机构，在成立后短短的两个星期时间里，就筹集到120万英镑资金，很快用于国家的战争开支。在很多描述英法九年战争的历史文献中都提到过，英国士兵在前线的装备让法国士兵羡慕不已。凭借强大的资金实力，英国也在随后的战争中不断取得胜利，战场上的胜利又带来可观的经济收益，让这样的融资模式得以持续，英国也走上称霸世界之路。当时的欧洲有一句名言：战争中获胜的一方往往拥有最后的一块金币。

英格兰银行之所以能成功为战争募集资金，得益于其机制模式的创新。首先，光荣革命后英国政局稳定，不像有些国家王权更换频繁，如果国王跑了，借给王室的打仗钱如何要得回来呢？其次，英格兰银行的客户是"王室+政府"，而不仅仅是王室，因而有了双重保障，赖账的风险小得多。再次，英格兰银行有较为严格和系统的规章制度，国家用钱也要遵守相关规定，不能随意滥用。最后，英国在战场上的胜利可以给商人提供更多的殖民和贸易机会，因而他们也愿意与政府结盟。所以，英国海外利益的扩展，乃至全球霸权的形成，都离不开国内的战争金融。

二、英镑霸权

对于大英帝国而言，战争更像是工具，通商和获取财富才是最终目的，因而金融势必要服务于英国的对外经济活动。既然是经济活动，就少不了一样东西，那就是——钱，或者说是货币，也可以学术一点，说成是交易媒介，也有说是一般等价物的。总之，就是衡量商品价值的东西，这是任何经济活动都离不开的。国家内部的经济交易可以用本国货币进行，问题是，跨国的经济活动使用哪种货币呢？一般而言，如果你是英国人，就会愿意用英镑交易，如果你是法国人，就愿意用法郎做买卖。因为使用本国货币没有汇率风险，假想你是英国人，卖东西收回来的却是法郎，在本国也无法使用，最终你还得去把它换成英镑，可是当你去兑换时可能会发现，汇率和你卖东西的时候不一样了，法郎贬值了，做生意赚的钱可能还不够外汇市场的损失，得不偿失。因而，英国人愿意用英镑，法国人喜欢用法郎，德国人则倾向用马克……那么，问题来了，大家都想用自己的货币，交易如何进行呢？

这时就需要一个通用的国际货币，也有叫"硬通货"的。黄金作为天然货币，曾经扮演着"硬通货"的角色，但由于产量受限和交易不便，使用受到制约。如果能有一个国家的主权货币来充当"硬通货"，就会方便得多。就像我们刚才说的，哪个国家的货币来充当这个"硬通货"，对本国商人来说都是福音。英国就通过一系列努力，做到了这一点。

首先，英国人打造了自己的金本位制。所谓金本位制，就是本国的货币规定既定的黄金含量，并且可以自由兑换黄金。从法律上讲，拿着货币和拿着对等的黄金是一样的，由于黄金的贵金属属性，货币币值也就稳定。

1717年，当时英国铸币局的局长牛顿，也就是我们熟悉的伟大物理学家牛顿，就规定了英镑的黄金含量。到1816年，英国议会通过《铸币法》，以法律的形式规定了英国货币的黄金含量，英国的金本位制正式形成。接下来，1870年以后，英国还凭借其影响力，把金本位制推销到国际舞台，形成国际金本位制。这样，英镑凭借其稳定的国内金本位制，当仁不让地成为世界上第一个主导性的国际货币。统计数据显示，到1913年末，英镑占了全球外汇储备的40%。

让英镑成为主导国际货币也成功地帮助了英国的对外经济活动。在贸易方面，统计数据显示，1876—1885年，英国出口额占全世界的38%，是名副其实的"世界工厂"。在投资方面，到一战前夕，英国大约占所有国家对外投资总额的40%，是最大的资本输出国，源源不断地从世界各地获取财富。

英镑能够做到这一点，除了货币制度外，还和发达的银行体系有关。英格兰银行作为融资机构成立后，被逐步收归国有，垄断了货币发行的权力，并承担"最后贷款人"角色，成为现代意义上的中央银行。英国金融市场稳定且高效，增加了英镑的吸引力。此外，英国强大的综合国力，包括军事实力，也都在国际舞台上给英镑作为国际货币提供了信心和支持。

三、日落西山

金融帮助英国赢得了一系列战争，但战争毕竟是在摧毁而不是创造财富，因而这样的模式也无法永远持续。一战后，英国也体会到了战争的苦果，虽然是战胜国，但也大伤元气。到1918年战争结束时，英国国民财富消耗了大约三分之一，军费开支近100亿英镑，贸易逆差和财政赤字激增，政府不得不大量举债，债务从战前的6.45亿英镑猛增到战后的66亿英镑。[①] 与之前通过打仗捞取殖民地好处不同的是，英国在一战中失去了盘踞200余年的海上霸主地位，极大地动摇了英国的殖民体系，无法继续像以前那样从全球攫取财富，因而还债也就成了难题。无奈之下英国政府只好大量增发纸币，很显然，增发的英镑无法再自由兑换黄金，英国的金本位制也告一段落。

20世纪20年代，英国曾努力试图重建金本位制，英镑也一度恢复了兑换黄金，但英镑在国际舞台已经不再具有往日的荣光。之后在1929—1933年经济大萧条的打击下，英国重建金本位制的努力宣告失败。再加上之后的二战以及美元的崛起，英镑作为主导国际货币退出历史舞台。

[①] 高英彤：《帝国夕阳：日渐衰微的不列颠》，吉林人民出版社1998年版，第129页。

「德国经济再认识」

随着两次世界大战后英国国力的衰弱，其金融实力随之下降也是必然。但英国在全球地位衰落的过程中，从未放弃过建设自己的金融实力和发挥金融影响力，为全球利益服务。

除了上面我们提到的，在两次世界大战之间英国努力重建金本位制外，在二战即将结束、世界格局面临转换之时，英国也没有在金融领域放弃努力。在1944年设计国际货币体系的布雷顿森林会议上，与美国怀特计划相抗衡的，正是英国提出的凯恩斯计划，无奈当时英国的国力已经无法和美国匹敌，英国还欠了美国大量的外债，凯恩斯虽然是20世纪最伟大的经济学家之一，但也无法阻挡美元和美国金融霸权的崛起。

在1956年的第二次中东战争中，英美两国再一次在金融领域进行了较量。当年10月，英国和法国已经完成军事部署，准备收回被埃及政府收归国有的苏伊士运河，大战一触即发。但美国不愿看到英法的影响力在石油富裕的中东地区扩张，便在金融市场上抛售英镑，导致英国的外汇储备急剧缩水，几近枯竭。英国迫于金融市场的压力，不得不宣布撤军，再一次在金融领域完败给美国。

之后，屡战屡败的英国意识到自己在金融领域和美国已经不是一个重量级，因此较少有直接抗衡美国的举动，但从未放弃建设自己金融大市场的雄心。时至今日，伦敦仍是全球最重要的金融中心之一。如果说日不落帝国已经日落，那金融则是帝国夕阳的余晖，仍然印在天空，追忆着昔日的辉煌，同时也尽可能地庇护帝国今日的利益。

如今，金融城发达的金融服务和网络，仍然为英国本国企业的国际业务提供着便利，同时也吸引着国际资金流入，是很多大型企业的总部所在地。金融在某种程度上也是衰落后帝国外交的一张名片，是英国处理与其他国家关系的工具之一。对于国外的敌对政治力量，可以冻结他们在英国的资产，停止本国金融机构与其业务往来，伊朗、俄罗斯都曾是其制裁对象；对于友好或者想发展关系的国家，可以帮助其利用英国金融市场的便利，比如发行债券、开设金融机构。2015年，英国成为第一个宣布支持亚洲基础设施投资银行的主要西方国家，在全球引发关注，也成为卡梅伦政府务实发展对华关系的一个重要举措，这与伦敦金融市场的全球影响力有密切关系。

总之，提及金融以及利用金融为全球战略服务，英国是历史上绕不过去的存在。

第二节 美国：最嚣张的霸权

英国之后，在国际舞台上粉墨登场的是美国的金融霸权。美国的金融霸权十分嚣张，是实现国家对外战略的强大武器。

一、霸权屹立不倒

二战彻底颠覆了国际格局，欧洲不再是权力的中心，美国的崛起成为新的现实。当时的美国实在是太强大了，其GDP占世界的40%，贸易占世界的33%，黄金储备占世界的70%。这样一个独领风骚的国家，自然按捺不住寂寞，要对战后的世界有所规划，当然包括金融领域。

1944年7月，在二战还没有结束的时候，美国人就已经着手准备战后的国际金融秩序了。它集合了44个国家的代表，在美国新罕布什尔州一个叫布雷顿森林公园的地方，召开了联合国和盟国货币金融会议，也就是著名的布雷顿森林会议。美国凭借无可匹敌的超强实力主导了这次会议，包括我们前面提到的，美国用自己的怀特计划打败了英国的凯恩斯计划，最终达成《布雷顿森林协定》，形成了战后的国际货币体系，也就是我们常说的布雷顿森林体系。

  这一体系的核心是确立了美元的国际主导货币地位。具体而言，这一体系有两个核心要点，可以概括为双挂钩：一是美元和黄金挂钩，美元规定含金量，也就是 1 盎司黄金对应 35 美元，可以自由兑换；二是其他货币和美元挂钩，实行可调整的浮动汇率制。在这一体系下，美元等同于黄金，再加上美国的超强国力带来的信任感，大家自然倾向在国际交易中使用美元，也就会储备美元。

  但美国的超强国力却不是一成不变的。20 世纪 60 年代后，美国由于越南战争导致公共财政持续恶化、人们崇尚超前消费加剧巨额贸易赤字等因素，美元作为国际主导货币的信用受到质疑，陷入了特里芬困境。这是一位叫罗伯特·特里芬的经济学家提出的理论，认为美元要充当国际支付的中介，贸易上就要逆差，才能对外输出美元；而持续的贸易赤字将导致美元贬值，无法维系与黄金的比价。两者左右为难，这在理论上是无解的。

  美国解决这一难题的办法是，总统尼克松于 1971 年 8 月 15 日宣布新经济政策，主要内容包括：停止履行美元兑换黄金的义务；对进口商品征收 10% 的进口附加税；国内冻结 90 天内的物价、工资、房租，以抑制通胀。这一政策无疑动摇了布雷顿森林体系的根基，令国际社会震惊，称之为尼克松冲击。虽然此后美国积极展开外交斡旋，力图维系美元和其他货币汇率的稳定，但还是在 1973 年后走向了浮动汇率制，1976 年后正式形成了牙买加体系，其核心内容是黄金非货币化，浮动汇率合法化，各国可自由选择汇率制度。

  从布雷顿森林体系到牙买加体系，国际货币体系发生了剧烈变化，但让人意想不到的是，美元在经历剧烈波动和信心危机后，霸权地位依然屹立不倒。一个重要原因是，20 世纪 70 年代后，美国通过外交斡旋，让沙特等石油出口国作出了重要决定，也就是将美元作为唯一的结算货币。也就是说，其他国家要向沙特买石油，就必须得支付美元。鉴于石油在世界中的重要性和庞大交易量,其他国家也就不得不大量储备美元,这让美元在经历危机后,有惊无险地保住了自己的霸权地位。而且,摆脱黄金枷锁的美元,在货币政策方面更加自由,更加以国内目标作为优先,将货币和金融作为服务其全球利益的手段。下面我们来看看,美国是如何嚣张地在国外使用自己的金融霸权的。

二、在全球"薅羊毛"

美元在现实世界中就是一张纸,在美国也叫"绿背",因为钞票是绿色的。美联储印一张 100 美元的"绿背",成本大概只有十几美分,但对于外国人来说,要得到这样一张钞票,必须拿出实实在在的等值商品才行。也就是说,美联储只要开动印刷机,就可以源源不断地从国外换取财富,是不是很划算的买卖呢?当然划算,这也是英国、美国这些霸权国家为什么这么积极地让自己的货币成为主导货币的一个直接原因。学术上,把这种通过发行货币而占有的实际财富称为铸币税。

在美元霸权的初期,由于美元还可兑换黄金,持有美元的国家似乎还可以有一种感觉,就是持有美元就是持有黄金。理论上讲是这样,但实际上,由于交易的需要,大部分国家都没有去兑换黄金,因为黄金虽然保值,但不方便直接使用,还是持有现钞方便。所以,美国在国外流通的美元现钞所换回的实际财富,持久地留在了美国,也就是说,美国无偿地占有着这些财富。而且随着美元发行量的增加,美国占有的其他国家的财富也就越来越多。

到 20 世纪 70 年代,布雷顿森林体系解体以后,美国干脆从法律上摆脱了美元兑换黄金的义务,这让美国对外发行美元动力更强了,美国可以开动印钞机,全世界的财富就可以源源不断地流向美国,实际上美国也是这么做的。据统计,1970—1980 年这 10 年间，平均每年的铸币税为 85.25 亿美元，到 2001—2010 年间，这一数字达到了 6345.93 亿美元。①

当然，各国持有美元的方式也不一定是现钞，也可以是具有一定流动性的国债，毕竟国债有一定的收益率，而且流动性也比较强，可以在金融市场上出售，比持有现钞更划算。但是大家可以发现，美国国债的收益率是很低的，至少低于通胀的水平。大家可能会有疑惑，既然国债收益率这么低，为什么还要买呢？这就是美元霸道的地方，因为你交易中需要使用美元，那么就只能持有美元，持有黄金或者其他货币的话，买东西的时候还需要兑换。所以，持有美元或者美国国债，很大程度是无奈之举。这也是美国人喜欢寅吃卯粮、借钱消费的重要原因，因为美国人借钱容易、成本低。

美国人可以说是把自己的金融霸权利用到了极致。2008 年金融危机后，美国为了救市，挽救美国经济，开始使用一种新的货币政策，称之为量化宽松。这是种超常规的宽松货币政策，是在传统政策基础上的一个创新。一般而言，一个国家的中央银行通过利率变化来调节经济，比如经济过热就加息，经济低迷就降息。但 2008 年的金融危机后，美国发现经济和金融形势实在太糟糕了，利息即便降到零，刺激经济效果也不明显。于是就采取了一种新办法，通过中央银行印钞票购买债券，直接把流动性注入到金融体系中，所谓量化就是购买债券的量。

我们都知道物以稀为贵的道理，流通中的钱变多了，购买力自然就下降了，俗话说"钱不值钱了"，这就是国际社会广大美元持有者面临的尴尬困境。有人这样形象地形容，美国发钞票犹如在全世界"薅羊毛"。而且，这种做法还有一定的隐蔽性，不同于殖民

---

① 任泽平：《"嚣张的美元霸权"如何在全世界剪羊毛》，新浪网，2021 年 02 月 7 日，http://finance.sina.com.cn/zl/china/2021-02-07/zl-ikftpnny5523391.shtml。

主义时期资本主义国家通过武力和贸易方式占有殖民地的财富，现在的美国只需开动印钞机，财富就滚滚而来，简单又方便，而且看起来还很"文明"。

三、开拓海外市场

美国国土面积很大，经济也很发达，但资本的本性决定了它要从全世界攫取利润，用强大的金融实力为美国创造条件，方式多种多样。

一个办法是通过金融手段直接创造需求。二战后美国出台的马歇尔计划就是经典案例。这一计划的官方名称叫欧洲复兴计划，是二战结束后，美国对被战争破坏的西欧各国进行经济援助、协助重建的计划。这一计划于1947年7月正式启动，整整持续了4个财政年度。在这段时期内，西欧各国通过参加欧洲经济合作组织，总共接受了美国援助合计131.5亿美元，若考虑通胀因素，那么这笔援助相当于2006年的1300亿美元，其中90%是赠款，10%为贷款。

对于马歇尔计划效果如何，谈论的重点往往放在被援助的欧洲身上。经常被忽视的是，美国虽然是援助方，经济上实际也是受益者。一是欧洲接受的巨额贷款，在实际使用过程中大多数都用于购买了美国的商品，带动了美国的出口，钱又回到美国口袋。二是欧洲经济复苏后，可以持续地成为美国商品的出口市场，帮助美国缓解二战后生产能力过剩的问题。三是欧洲使用美元援助，在国际交易中容易形成对美元的依赖，有利于巩固美元的国际地位。从这个角度可以看出马歇尔计划的高明之处，即看似慷慨地提供援助，实际上受益的是自己，还可以同时实现多个目的，可谓"一石多鸟"。

另一个办法是通过金融手段打开其他"封闭市场"的门户。

二战后的美国工业企业竞争力强，但不论是贸易还是投资，要想从其他国家赚钱，首先得进入其他国家的市场，但并非所有经济体都对美国开放，有些市场是封闭的，于是美国就从金融领域想办法。

一些发展中国家外汇短缺，不时需要外部援助，而一些国际援助往往带有条件，比如经济自由化和对外开放市场。2004年，美国作家约翰·珀金斯出版了一本广受关注的畅销书《一个经济杀手的自白》，作者以其在咨询公司的工作经历，以半自传的方法介绍了自己当时的工作，也就是说服发展中国家接受外国的金援贷款，用于投资大型营造和工程项目，并确保合同落入美国的承包商手中。尽管此书的一些细节无法得到充分证实，但美国政商学界鼓吹所谓"华盛顿共识"却是不争的事实。

所谓"华盛顿共识"，是指位于华盛顿的三大机构——国际货币基金组织、世界银行和美国政府，根据20世纪80年代针对拉美国家的减少政府干预、促进贸易和金融自由化的经验，提出并形成的一系列政策主张，其重点内容是政府放松对经济的管制，实施贸易自由化和市场开放。鉴于美国是国际货币基金组织和世界银行最大股东，投票权都在15%以上，这让这两大国际金融机构的政策可以很大程度体现美国的国家意志。还有学者分析指出，这两大金融机构之所以设在华盛顿而不是纽约，就是为了方便美国政府对其施加影响。"华盛顿共识"提出后，得到了美国政府和学界的大力追捧，却未能取得所鼓吹的效果，越南等一些国家在条件不成熟的情况下过度对外开放，还演化成了金融危机。

四、打压竞争对手

二战后，美国一直是超级大国，但不能说没有竞争对手，金融成为美国压制对手的得力工具。

在资本主义世界，美国经济上的挑战首先来自日本，1985年签署的广场协议在美国压制日本经济方面发挥的作用，至今为人们所津津乐道。20世纪80年代以后，美国的财政赤字和贸易逆差剧增，希望能通过美元贬值来提升竞争力。而当时的日本在世界经济舞台上咄咄逼人，取代美国成为世界上最大的债权国，日本的资本疯狂地在全球扩张，日本制造的产品充斥全球，令美国人惊呼"日本将和平占领美国"。在这样的背景下，1985年9月22日，美国、日本、联邦德国、法国以及英国的财政部部长和中央银行行长，在纽约广场饭店举行会议，达成五国政府联合干预外汇市场的协议，诱导美元对主要货币的汇率有秩序地贬值。

在这之后不到3年的时间里，美元对日元贬值了50%，也就是说，日元对美元升值了1倍。持续升值的日元削弱了日本出口的竞争力，强烈的升值预期也导致大量热钱的流入流出和经济泡沫的破裂，随后的日本经济也陷入了持续低迷。虽然广场协议只是日本经济衰败的原因之一，但它是个非常重要的时间节点，是日本经济由盛到衰的转折点，也体现出美国金融手段的威力。

1999年，欧元诞生之后就成为世界第二大国际货币，由于其经济实力与美国相当，被很多人视为美元的挑战者，也难免成为美国关注和压制的对象。2008年的次贷危机被认为是"百年一遇"的金融危机，当时世界对美国和美元的信心都出现了动摇。很多人在想，如果美元的国际地位不在了，那么由谁来取而代之呢？

一个自然而然的答案就是第二大货币——欧元，美国人应该也是这样想的，于是欧元就成了美国金融危机的陪葬品。因为换一个逻辑看，如果美元没有替代者，那么其地位就是稳固的。美元、欧元是公认的两大国际货币，其他货币地位与其相距太远，如果欧元不能成为替代者，那么美元就没有替代者，于是一场危机就悄悄向欧元靠近，也就是那场震惊世界的欧洲债务危机。

欧洲债务危机的形成原因是多重的，部分成员国财政赤字过大、债务累积过多是内因，但从外部看，如果没有来自大西洋彼岸的"煽风点火"，那场危机可能未必来得这样突然和猛烈。欧元诞生后的10年时间里都平稳运行，但就是在美国金融危机后出了问题，很难说和美国没有关系。在那场危机中，来自美国的金融机构在市场上疯狂做空欧元，评级机构也频繁下调欧洲债务国信用评级，英语舆论更是一边倒地唱衰欧洲。

虽然说这些是市场行为，但这些机构都和美国政府有着千丝万缕的联系，有些内幕行为也被媒体披露，比如一些金融巨头合谋做空欧元的情况美国政府是知情的，但最后都不了了之。从美国的角度看，资本猎杀欧元逐利，政府实现了转嫁风险、维系货币霸权的目的，不是合作共赢的默契吗？最后，欧洲这场危机也是随着美国从金融危机中逐步恢复而好转的，两者的关系并非偶然。

同时，美国还动辄利用手中的霸权对其他国家实行金融制裁。金融制裁是经济制裁的重要方式，它主要通过冻结资产、拒绝金融服务、禁止投融资活动等金融手段，限制或阻碍被制裁对象的资金融通，损害被制裁对象正常的金融秩序和经济运行机制，从而达到其制裁目的。美国是当今全球金融制裁发起最频繁、执法最严格的国家。2020年的数据显示，美国财政部下属的海外资产控制办公室共实施33个制裁项目，涉及21个国家和地区，涵盖6个制裁名单，共包括8000余个个人和实体。①

2022年俄乌冲突爆发后，俄罗斯很快成为美国的金融制裁对象。2月24日，美国宣布制裁俄罗斯国有商业银行——俄罗斯储蓄银行，要求所有美国金融机构关闭其账户、拒绝任何交易，并冻结俄罗斯外贸银行等另外四家大型俄罗斯金融机构全部的在美资产。2月26日，美国等西方国家发布联合声明，将部分俄罗斯银

---

① 白若冰：《美国金融制裁新特点与应对策略》，《中国发展观察》2020年第Z6期，第110—113页。

行排除在环球银行间金融通信协会（SWIFT）支付系统之外，并在随后几天接连宣布对俄罗斯中央银行实施冻结资产、禁止交易等限制措施。

对于美国实施金融制裁的后果，有分析认为可能会削弱美国的金融主导权。美国外交学会高级研究员本·斯泰尔认为，随着美国过度使用金融制裁，受制裁对象将积极寻找美元以外的替代资产，美国的制裁效果将会减弱。彼得森国际经济研究所高级研究员加里·赫夫鲍尔认为，美国肆意挥霍造成财政赤字大幅扩张、滥用金融制裁，以及其他储备货币地位的提升，都会对当前美元的储备货币地位构成挑战。[1]

第三节 欧洲：霸权的平衡者

接着，我们来谈一谈欧元和欧洲的金融。在英国脱欧以后，我们说起欧洲的概念也更加清晰一些。下文所指的欧洲，主要指欧洲大陆，或者说是欧元区。

一、现代金融发源地

在金融领域，欧洲有着悠久的历史。16世纪下半叶开始，荷兰凭借优越的地理位置、强大的海上优势，以及经济的开放自由，成为欧洲的贸易中心、航运中心、财富中心，也发展成为第一个金融中心，可以说是现代金融的发源地。1602年，荷兰东印度公司成立，这是世界上第一家股份制公司。1609年，阿姆斯特丹银行

---

[1]《美西方滥用金融制裁 或将削弱自身主导权》，环球网，2022年3月18日，https://world.huanqiu.com/article/47En3tYr4a5。

成立，这是世界上第一家现代意义的银行。1613年，阿姆斯特丹证券交易所成立，这是人类历史上第一家证券交易所。

17世纪时，欧洲很多国家都曾经在阿姆斯特丹发债融资，美国独立战争也曾从荷兰的金融机构筹款，期权、期货、指数交易、卖空等金融术语，也都是在阿姆斯特丹出现。金融中心让荷兰人赚了不少钱，但也许是因为当时的世界经济尚未形成体系，也许是荷兰人过于迷恋金钱而疏于战略考虑，也许是因为荷兰在海上争霸中输给了英国，国际金融中心的地位最终让位给了英国，但荷兰毕竟拥有深厚的底蕴，至今阿姆斯特丹仍然是欧洲大陆的金融中心之一。

除了荷兰，其他欧洲大国在金融领域也都有所作为。1865—1927年，法国拉拢比利时、意大利等国家，成立过拉丁货币联盟，法郎在非洲也有着强大的影响力。二战后，德国马克凭借稳定的币值，被誉为"世界上最坚挺的货币"。1999年，欧洲共同货币——欧元的诞生，让欧洲的金融实力和影响力得到了实质性的提升。此前，人类历史上从未有过多个主权国家使用共同货币的先例。美国在建国时，各个州使用的货币还不相同。欧洲在未实现政治统一的情况下，首先统一了货币，可谓开人类历史之先河，也震惊了世界。之前，很多人都认为，多国使用共同货币不过是"乌托邦"，但在欧洲却成为现实。

欧元的诞生有其特殊的背景和原因。前面的章节我们也讨论过，经济上看，欧洲"小国"林立，相互间经济联系紧密，使用不同货币确实不方便。同时，20世纪90年代初，欧洲汇率机制解体，迫切需要一个新的体系取而代之。更为重要的是政治因素，欧元诞生前欧洲政治的一个重大问题是，如何应对曾经发动两次世界大战的德国重新统一。让德国放弃使用马克，转而和其他国家共同使用欧元，既有利于消除欧洲国家对德国重新崛起的顾虑，同时也有利于德国在欧洲摆脱孤立。可以说，欧元更大程度上是一个

"政治工程",而不仅仅是一个"经济现象"。

不论如何,从经济规模上看,欧洲经济与货币联盟与美国相当,欧元诞生后,立即成为第二大国际货币。而且,欧元区成员国在世界银行、国际货币基金组织所占的份额和表决权加起来,比美国还要多,这都让欧洲的金融影响力不容小觑。欧元在诞生后还经历了欧洲债务危机的考验,虽然一度风声鹤唳,但经过艰苦努力,得以转危为安,还在机制建设上取得了一定进展,这让人对欧元和欧洲金融的发展抱有期待。

二、巧妙运用软实力

从历史和现实看,欧洲的金融虽然起步早,历史悠久,实力强大,但并未发展成霸权性力量,也没有像美国那样"强行"使用金融手段。但欧洲并未放弃利用金融服务于自己的战略利益,只不过表现手法有所不同。欧洲更多的是施展自己的软实力,以"润物细无声"的方式施加国际影响。

欧洲所谓的软实力,实际上是一种规范性力量,通过把自己做好,形成一种有影响力的规范,进而让其他国家效仿,从而施加自己的影响力,与动辄使用武力等硬实力相区别。具体而言,欧元区软实力的最大的吸引力就是其成员国资格。我们知道,欧元区都是西欧的富裕国家,持续多年的经济繁荣,让东部的欧洲国家向往,也期待有一天能够加入其中共享繁华。这样,欧元区对这些国家施加影响力就有了抓手,可以对这些国家提出条件,当然这些条件是符合自己的利益的,既包括经济利益,也包括战略考虑。

1999年欧元区成立时只有德国、法国、意大利、荷兰等11个国家,之后经过多轮扩大,希腊、斯洛文尼亚、斯洛伐克等国陆续加入,目前已经有19个成员。2009年希腊爆发的债务危机显示出小国成为欧元区成员的很多好处。在那场危机中,希腊虽然可以说是历经磨难，不得已进行了财政紧缩，但最后还是得到了欧元区的支持，从危机中挺了过来。相比之下，孤悬于欧元区之外的冰岛，却在债务危机中遭到"国家破产"，出现了"全民赖账"，也就是全民公投拒绝偿还外债的尴尬局面。①

当然，在扩大进程中，欧元区自己也是受益者，新成员加入意味着本国经济对欧元区的深度开放，新加入的国家，尤其是原苏联阵营的社会主义国家，所进行的经济和政治体制改革也是西欧国家所乐见的，其认为这样更有利于欧洲的周边稳定。

除了能够加入的国家外，其他国家能更多地使用欧元对欧洲来讲也是好事。就像我们前面提到的，国际社会越多使用欧元，对于欧洲来说就越方便，可以规避汇率风险，同时欧洲也可以征收铸币税。2021年6月的数据显示，欧元区大约60%的对外贸易是使用欧元结算的。

在欧盟以外，至少有十几个国家的汇率选择钉住欧元，安道尔、圣马力诺、梵蒂冈、摩纳哥这样的小国干脆直接将欧元作为法定货币，省去了自己发行货币的"麻烦"。在全球层面，国际货币基金组织2021年第一季度的数据显示，欧元占全球外汇储备的比例为20.54%，虽然落后于美元的59.23%，但远高于其他货币，其全球第二大货币的地位是稳固的。

有经济学家进行过理论上的分析，认为一个国家，一般指小国，如果使用他国货币，那么在外交、安全等其他问题上，立场也会不知不觉地向货币发行国靠拢，支持货币发行国的立场，因为大家都希望这种货币保持稳定和安全，这也正是欧元区所期待的软实力。

---

① 2010年3月6日，冰岛举行全民公投，讨论是否要支付拖欠英国和荷兰两国的银行债务。计票结果显示，超过93%的冰岛人投了否决票，反对冰岛政府为破产的冰岛银行还债的议案。

三、不甘臣服霸权

美元的不稳定和政策失误促使欧洲人创造了单一货币。① 20世纪60年代起,美国就断断续续出现问题,美国人喜欢借钱消费、贷款投资,还要与苏联争夺霸主地位,在天上开展人造卫星、宇宙飞船、太空探险等竞争,在地上打了一场旷日持久的越南战争。这些庞大的政府开支使得美国财政捉襟见肘,预算赤字不断扩大,公债节节攀升。② 德国前总理施密特认为,推进欧洲货币一体化,让欧洲其他国家的货币与马克紧密联系在一起,有利于减小美元贬值对德国经济的冲击。③ 欧盟首任驻华大使杜侠都曾表示,从经济规模上看,欧洲国家都属于中等规模国家,这让它们无法控制本币的利率,只有像美国那样的大国可以做到。在经济实力不够强、货币覆盖面不够大时,货币主权实际上是一种幻觉。欧元区各国只有共同行使货币主权,才有可能采取有效的货币政策。④

欧元诞生后,鉴于欧元和美元的天然竞争关系,美国不时出手敲打欧元。而对于美元霸权,欧洲虽然非常不满,不时也发些牢骚,但在实际政策方面,主要是选择忍耐,但也出现了忍无可忍的势头。

作为欧元区货币政策的制定者,欧洲中央银行对于国际事务似乎从未表现出浓厚的兴趣,其一心一意执着地聚焦于内部的通胀问题。欧洲中央银行每年出版一本《欧元国际化》报告,每次对于

---

① [美]查尔斯·金德尔伯格著,徐子健、何建雄、朱忠译:《西欧金融史》,中国金融出版社2010年版,第478—491页。

② 丁一凡:《欧元时代》,中国经济出版社1999年版,第27页。

③ Barry Eichengreen, "Globilizing Capital: History of the International Monetary System", Princeton and Oxford: Princeton University Press, 2008, p. 158.

④ 丁一凡:《欧元时代》,中国经济出版社1999年版,第105页。

欧元国际化的态度都是中立的，认为欧洲中央银行体系既不会促进也不会阻碍这一目标。实际上，欧洲中央银行对于直接推广欧元的国际使用做的事情也确实很少，但有一个做法却暴露出欧洲窥视美元霸权"驿动的心"，那就是发行大面额纸钞。

我们知道，美元纸钞最大面额是100美元，而欧元却有高达500面额的纸钞，相当于人民币近4000元。欧洲是发达经济体，用银行卡、转账等电子支付方式很方便，500欧元的纸钞在实际生活中几乎没有用武之地。就笔者在欧洲的生活经历而言，去超市买东西拿出100欧元的纸钞都可能被拒收，因为面额太大不好找零，那欧洲中央银行为何要印500欧元的纸钞呢？有人把500欧元的纸钞称之为"肮脏的货币"，因为它经常和逃税、走私、贩毒、贿赂、洗钱这样的"地下经济"联系在一起。

欧盟委员会的调查显示，欧盟地下经济规模庞大，可能与西班牙的GDP相当，交易主要使用现金。对于交易者来说，使用大面额欧元比使用美元更为便利。从欧洲决策者的角度来讲，这意味着可以从美国手中分得更多铸币税，可以说是挖美元墙脚的一个小动作。也许是因为这样的做法实在提不上台面，有助长地下经济的嫌疑，欧洲中央银行决定2019年以后停止发行这样的大面额钞票，但过去已经发行的仍然可以自由兑换。

随着美元霸权越来越嚣张，欧洲不愿臣服的心情也有所表露。2018年，美国政府为制裁伊朗，迫使环球银行间金融通信协会宣布停止对伊朗银行提供服务。SWIFT系统是银行间跨境支付的报文系统，被这一系统排除，就无法进行跨境信息交换，也就难以交易。也就是说，伊朗出口石油，没有办法收到钱，因而对伊朗打击很大。这一举措对美国来说损失不大，因为美国和伊朗之间贸易量很小，而欧盟却是伊朗的最大贸易伙伴，很多欧洲企业都会因此遭受巨额损失，苦不堪言。

美国这样制裁伊朗的办法，充分利用了金融工具，但却没把盟友欧洲的利益放在眼里，也遭到了欧洲的"反抗"。之后不久，欧洲国家就宣布开发贸易往来支持工具，简称 INSTEX 结算机制，用于和伊朗的贸易结算，针锋相对的意味很明显。但为了避免过度刺激美国，欧洲人也表示 INSTEX 结算机制的使用有一定限制，比如用于食品、药品等人道主义物资的交易。

总体看，欧洲对抗美元的霸权力度有限，但已经不再掩饰自己的不满。2018 年 9 月，时任欧盟委员会主席容克在其任内最后一次"盟情咨文"中刻意强调了欧元的国际作用。这在历届"盟情咨文"中都极为少见。容克在演讲中表示，欧盟每年进口价值 3000 亿欧元的能源，其中只有 2% 来自美国，但却有 80% 用美元结算，甚至欧洲的公司买欧洲的飞机也用美元结算，这是荒谬的。欧洲必须深化经济与货币联盟建设，让欧元更强大，充分发挥其国际作用。可以看出，在欧元国际化的问题上，欧盟的态度已经不再中立。

某种程度上，欧元是作为美元的竞争者被设计出来的，但一直未能取代美元。在新冠疫情期间，美元甚至得以加强其作为"避风港"的形象，尽管美国在特朗普治下出现种种混乱，但到目前为止，美元仍是最主要的国际货币：各国中央银行大约 60% 的外汇是以美元计价的，而欧元只占 20% 左右。一位欧盟官员表示，加强欧元的想法到目前为止还没有结果，"每个国家都原则上同意让欧元在世界上发挥更大作用，但围绕如何实现这一目标却没有达成一致"。[①]

四、前路道阻且长

欧洲经济上有实力，政治意愿也越来越强，未来会成为美国金

[①]《欧元推高物价？德媒：德国人对欧元"爱恨交加"》，搜狐网，2022 年 1 月 2 日，https://www.sohu.com/a/5138876882_114911。

融霸权的有效挑战者吗？前景可能还不容乐观。

欧洲的实力主要体现在经济方面，经济规模总量可与美国相提并论，但在综合实力方面，还是有很大的差距，甚至是不可能缩小的差距。比如在安全领域，美国的军事存在遍布全球，几乎可以插手任何一个地区的安全事务，其硬实力无可匹敌，欧洲难以望其项背，甚至欧洲自身的安全还需要美国的庇护。军事和金融虽然是两个领域，但却相辅相成。人们相信美元是安全的，很大程度是因为美国背后有强大的军事力量的支持。欧洲在发展自己军事力量方面困难重重，也不愿意在这方面投入过多资金，在国际安全事务上也不得不迁就美国立场。如果在安全上都依赖美国，那在金融上又如何去挑战呢？

同时，欧元区在制度上的缺陷也难以弥补。计算综合实力，包括经济实力，并不是各国数字的简单相加，还有资源整合的问题。欧元区有一种货币，但却有19个政府，还不算欧盟机构。在重大问题上出现分歧是家常便饭，在金融问题上也是如此。要在金融上实质性挑战美国将是一个重大政治决定，即便有国家倡议，也会有国家反对，最终无法形成合力。比如在美国金融危机后，时任法国总统萨科齐曾公开表示，美元的主导地位已经不合时宜，但在欧洲并未引起广泛响应。

欧洲还没有一个整合的金融市场。欧洲的金融中心是多元的，法兰克福、巴黎、卢森堡、阿姆斯特丹等各有特色，由于涉及不同国家利益，无法整合到一起。金融市场的分割将会给投资者和交易者带来麻烦，远不如纽约的大市场高效和便利。欧洲作为一个整体而言，金融市场仍然缺乏吸引力，英国脱欧后其实是欧洲大陆发展金融中心的大好机会，就是不知能否把握好。至少从目前的情况看，大陆各个金融中心主要还是竞争关系，缺乏统一的规划和有效的整合。

最后还要谈谈经济增长，虽然经济是欧洲的优势，但这个优势似乎变得愈加不明显。进入21世纪以来，欧洲经济的增长速度一直落后于美国，人口老龄化、福利负担沉重等结构性问题难以解决，这将持续地束缚欧洲的经济活力。事实上，在美国金融危机后，欧元的国际地位总体呈下降趋势。

在应对美国金融霸权方面，欧洲与其说是挑战者，不如说是平衡者，虽然没有能力取而代之，但在美国滥用金融权力的时候，看看身旁的欧洲，也许会有所顾虑。

第四节　德国：实体经济的仆人

前面我们从美国、英国这样的昔日霸主国家可以发现，大国崛起后都谋求成为金融强国，并利用金融手段从全球获取利益，服务于自己的对外战略目标，欧元区这样的国家集团也是如此。但是德国似乎有些不同，德国也是传统的资本主义列强，也曾经试图称霸，二战后的德国仍然发展成为世界第四大经济体。但这样的一个国家，似乎从来和金融强国不贴边，金融霸权更无从谈起，我们似乎很难想起德国利用金融手段谋取全球利益的重要案例。但我们能说德国金融不重要吗？现代社会，金融是经济的血液，一个发达经济体的背后没有一个有效的金融体系支持是不可能的。相对于美英的新自由主义模式而言，德国这样的金融模式似乎更值得我们仔细分析。

一、金融服务实体经济的典范

德国金融的一个特点就是，无意与实体经济抢风头，总是在背后默默地支持实体经济的发展，而不是追求"自我膨胀"和"利润最大化"，用我们中国的话讲就是"金融服务实体经济"。提起德国金融，脑海里挥之不去的是2017年到法兰克福出差时，德国中央银行一位官员的话:"在德国,金融是实体经济的仆人。"下面我们来看看,德国金融为实体经济服务表现在哪些方面。

第一,德国金融业自身规模小,却支撑着庞大的经济体量。在前面制造业的章节,我们分析到德国制造业占GDP的比例是发达工业国中非常高的,但支持制造业的金融业却显得有些小。统计数据显示,金融业占GDP比例在美国为7%—8%的水平,在英国为9%左右,但在德国只有4%。在全球规模最大银行排名的前25名中,德国作为全球第四大经济体,却只有一家银行上榜,而且仅仅排在第21位,这与其经济规模十分不相称。有人可能认为是德国的金融业欠发达,但这么小的金融业规模却支撑着这么大的实体经济又如何解释呢?换一个角度,也可以说德国金融业效率高,可以"小马拉大车"。

表8-1 截至2019年全球资产规模前25大银行

排名	银行	总部	资产规模(万亿美元)
1	中国工商银行	中国	4.32
2	中国建设银行	中国	3.65
3	中国农业银行	中国	3.57
4	中国银行	中国	3.27
5	三菱日联金融集团	日本	2.89
6	汇丰控股有限公司	英国	2.72
7	摩根大通集团	美国	2.69
8	美国银行	美国	2.43
9	巴黎银行	法国	2.43
10	信贷银行集团	法国	2.26
11	日本邮贮银行	日本	1.98
12	三井住友金融集团	日本	1.95
13	花旗集团	美国	1.95
14	富国银行集团	美国	1.93
15	瑞穗金融集团	日本	1.87
16	桑坦德银行	西班牙	1.70
17	兴业银行	法国	1.52
18	巴克莱银行	英国	1.51

续表

排名	银行	总部	资产规模（万亿美元）
19	法国外贸银行	法国	1.50
20	中国邮政储蓄银行	中国	1.47
21	德意志银行	德国	1.46
22	交通银行	中国	1.42
23	加拿大皇家银行	加拿大	1.11
24	劳埃德银行集团	英国	1.10
25	多伦多道明银行	加拿大	1.10

数据来源：标普全球股份有限公司。[1]

第二，德国金融业利润率偏低，不与实体经济争利。与美英等金融业的高利润相比，德国的银行总体上不把利润最大化作为经营目标。20世纪90年代以来，全球金融业经历了私有化浪潮，意大利、西班牙等一些国家一度把国有银行比例降到零，但德国公有银行的资产比例仍然保持在30%左右。由于公共部门银行所占比例较大，所以从机构数看，德国有90%的银行不以利润最大化为目的。从资产比例看，不以利润最大化为目的的银行有50%。

有些银行虽然不是国有银行，比如储蓄银行的产权并不是很清晰，但政府部门是其"托管者"。储蓄银行的行业协会——德国储蓄银行协会强调，其没有类似商业银行的股东，不以盈利为目标。尽管如此，储蓄银行仍然较好地服务了实体企业。统计数据显示，德国银行业收益率大幅低于非金融企业。2017—2018年，德国非金融企业的净资产收益率为17%，而银行业只有6%左右。[2]

由于德国银行业不像美英那样疯狂追求利润，因而运行相对稳

---

[1] "The world's 100 largest banks, 2020", S&P Global, Apr. 7, 2020, https://www.spglobal.com/marketintelligence/en/news-insights/latest-news-headlines/the-world-s-100-largest-banks-2020-57854079.

[2] 张晓朴、朱鸿鸣等：《金融的谜题：德国金融体系比较研究》，中信出版集团2021年版，第85页。

健，资本收益率不高但是稳定，几十年来从未发生过金融危机。在2008年的美国金融危机以及随后的欧洲债务危机中，德国所受冲击有限，金融保持稳定，甚至被称为"欧洲经济的稳定锚"。

第三，不论实体企业大小，金融业都能提供全面服务。一个国家实体经济面临的问题往往是，小企业获得金融服务难度大，因为获取小企业经营信息的成本高，也就是说风险更大，一些银行为了规避风险并不把小企业作为主要的服务对象，尤其在信用紧张的时候。但在德国，企业不论大小，都能够得到银行的服务和支持。如果不是这样的话，德国也不会有这么多我们前面提到的"隐形冠军"。德国能够做到这一点，与其金融体系和经营模式有关。

与美国发达的资本市场相比，德国是典型的间接金融模式，也就是主要由银行给企业提供融资服务。与小规模的实体企业相对应，德国的银行多数规模不大，但是网点很多，以"结对子"的模式给企业提供服务，而且能够保持这种稳定的合作关系，进而破解了信息不对称造成的高成本和高风险问题。

具体而言，德国的银行以投资入股、参加监事会等形式，既不直接干预企业经营，又能了解企业的治理状况，以便提供金融服务，而且能够与企业保持长期合作关系，避免了因银行不了解企业情况而放贷谨慎的状况。德国企业与银行的长期合作模式，相比于从资本市场融资具有优势，前者更为重视企业的长期经营和谋划，而后者则更为注重短时间内就要为股东获得收益。[1]

二、马克无意成为霸权货币

通过前面的分析我们看到，金融的核心是货币，利用金融服务

---

[1] Samuel George, "The US – German Economic Relationship Trends in bilateral trade and investment", Bertelsmann Foundation, Apr. 7, 2020, https://www.bfna.org/digital-world/the-us-german-economic-relationship-qg2cfvhxaq/.

对外战略的一个重要手段也是货币,其中最为重要的就是本国货币的国际化。在这方面,二战后的德国马克曾经具备非常有利的条件,但德国人似乎对于本国货币的国际化并不是非常热心。

二战后德国经济迅速恢复,加上德国是对外贸易大国,德国马克币值坚挺,这给马克的国际化提供了非常便利的条件,也取得了明显的成绩。统计数据显示,1975—1990年间,德国银行的海外分支机构由68家增加到225家。自1980年起,德国的进口商品以马克计价的份额约为50%左右,而同期德国的出口商品中大约有82%都以马克计价。[①]

德国保持强劲的出口,是马克走向国际化的重要有利条件。同时,由于德国的出口额及增速都高于进口,几十年来德国的经常账户几乎一直处于顺差状态,巨额的贸易顺差还为德国积累了充足的外汇储备,这为稳定马克币值提供了有力保障,也对德国马克国际地位的提高产生巨大的促进作用。

但德国马克没能成为具有美元、英镑那样具有全球影响力的国际货币,和自己本身的意愿有关。前面我们提到,由于历史原因,二战后的德国对通胀的警惕根深蒂固,是德国中央银行的优先目标,其他因素都要为此让路。如果让德国提高马克的国际化程度,也就意味着国际投资者和交易者会大量持有马克,但德国人似乎不愿意征收这些铸币税,而是担心外国人大量持有本国货币时,会稀释本国的货币政策,进而影响本国控制通胀。

比如,当德国中央银行发现本国存在通胀压力而收紧货币政策时,通常会提高利率,而利率的提高意味着资本收益率的提高,这可能会导致国际资金流入德国,增加本国金融市场的货币供应量,这与中央银行的货币政策目标相悖。出于这样的考虑,

---

[①] 王紫嫣:《德国马克国际化的历程回顾与经验总结》,《中国外资》2013年第14期,第5页。

德国中央银行在马克和本国金融市场国际化方面，并没有十分积极。认真控制好本国的物价水平，要比从其他国家征收铸币税更为重要。

20世纪70年代，布雷顿森林体系解体后，虽然关于美元将失去超级特权的言论一度甚嚣尘上，但历史的发展却显示，美元仍继续占据着国际货币主导地位。这其中一个重要原因是德国马克作为竞争者，虽然具有预算平衡和币值坚挺的优势，但却缺乏一个强有力的金融市场的支持。德国不是金融证券供应大国，对各国中央银行和其他外国投资者并没有太大吸引力。

为控制通胀，自20世纪70年代起，联邦德国出台多项措施，限制可能导致通胀的资本流入，比如向非常住人口出售固定收益证券时需主管部门事先批准、提高外国银行的存款准备金等。1979年，当伊朗威胁将所持有的美元转换为德国马克时，德国中央银行竟告诫其远离马克，原因在于担忧资本流入会加大货币供应量，进而拉高通胀。

德国中央银行，也就是德国联邦银行的想法是，作为一个更大规模的经济体，美国可以为其他国家提供所需的国际储备，资本流动不会损害其经济政策，但德国的情况却不同。德国经济规模比美国小得多，大规模的资金流入可能让德国经济吃不消，加剧通胀的风险，这是德国非常不愿意看到的。因此，由于德国金融市场规模有限而且不愿意更大程度对外开放，德国马克在国际舞台并没有太大吸引力，整个20世纪80年代，德国马克在全球外汇储备中所占份额从未超过15%。[①]

当然，除了主观意愿外，德国马克的国际化也存在客观条件限制。历史上看，首要的国际货币向来都是由主要大国发行的，没有

[①] [美]巴里·埃森格林著，陈召强译：《嚣张的特权：美元的兴衰和货币的未来》，中信出版社2011年版，第77页。

其他国家能够威胁其生存。美元在二战后之所以享受超级特权，原因之一是美国是安全的。正如英国政治经济学家苏珊·斯特兰奇在冷战期间所言："我们可以想象这样一个未来场景，联邦德国被强大的苏联占领，而大西洋彼岸的美国仍然保持完好。反之则不然，如果美国遭到入侵或者北美大陆遭到核攻击成为废墟，联邦德国将无以生存。只要这种根本的不对称继续存在，德国马克就不会成为国际货币体系的中心货币。"[1]

前面我们看到，德国并没有像英国、美国那样，将货币和金融作为实现自己全球战略目标的工具。如果说有的话，那就是德国最终选择放弃了自己的主权货币，进而为国家统一和发展换取战略空间。因为从安全考虑看，发动两次世界大战的德国再次实现统一，必然会引起其他国家的警惕，也将引起欧洲内部的复杂博弈。欧洲货币一体化不是一个纯粹的经济现象，而是基于更高政治目的的事件。作为国家统一的代价，德国交出了最珍贵的、代表德国实力与成就的象征——马克。[2] 德国放弃马克和其他国家一起使用欧元，既有利于消除欧洲国家对德国重新崛起的顾虑，也有利于德国在欧洲摆脱孤立。

三、与美国存在竞争关系

正所谓树欲静而风不止，马克虽然缺乏国际化的强烈意愿，但这似乎并不能阻止美国将其作为美元的竞争对手。在联邦德国时期，当美元出现问题导致资金流出美国市场时，这些资金不会均等地流向欧洲各国市场，而是会主要流向联邦德国，因为德国马克是欧洲乃至全世界最坚挺的货币。但德国人并不乐见大量资金的流

---

[1] [美]乔纳森·科什纳著，李巍译：《货币与强制：国际货币权力的政治经济学》，上海人民出版社2013年版，第139—142页。

[2] 丁一凡：《欧元时代》，中国经济出版社1999年版，第52页。

入，因为德国马克对法郎升值会使德国出口商失去竞争优势，资金流入也会加剧德国通胀的压力。让德国人更难以接受的是，美国还把美元危机的责任推给德国，认为导致资金从美国流向德国的原因是"德国利率过高"。

1971年6月，时任美国财政部副部长的保罗·沃尔克在国会听证时表示，当时的危机不是美元外逃，而是涌向德国马克。德国中央银行前行长奥特玛·埃明格尔曾表示，对欧洲来说，与美元共存就好比与一只大象同船，即使只是小心翼翼地一侧身，整条船都会让人头晕目眩地摇晃，摆脱困境最重要的办法是欧洲国家采取共同行动。[1]

值得一提的是，同样作为欧洲一体化发动机，德国和法国在对美元的态度上有所不同。二战以来，法国一直在寻求一种威慑力量和独立于美国之外的防御联盟。联邦德国虽然经济实力强大，货币也更为坚挺，但与法国不同，联邦德国在安全上更为依赖美国。

因而，联邦德国是一个"顺从的盟国"，当美国要求其支持美元时，其就会遵命而行，不愿意或者说是不敢于在币权问题上与美国过度竞争。秉持戴高乐主义传统的法国人希望有一种能够挑战美元的货币，想从德国中央银行那里得到货币政策控制权，掌握欧洲货币政策的话语权。在法国人看来，货币权力与军事权力都很重要，法国人希望减少对美国的依赖，欧元是他们的货币震慑力量。[2]

即便在德国放弃马克和欧洲其他国家共同使用欧元后，美国也没有放弃在货币问题上给德国找麻烦。2017年1月底，特朗普就职不到两个星期，他提名的白宫国家贸易委员会主任彼得·纳瓦罗，就在接受媒体采访时公开指责德国，认为德国操纵欧元汇率，

---

[1] 周弘、[德]彼得·荣根、朱民主编：《德国马克与经济增长》，社会科学文献出版社2012年版，第185—192页。

[2] [美]巴里·埃森格林著，陈召强译：《嚣张的特权：美元的兴衰和货币的未来》，中信出版社2011年版，第85页。

导致欧元被严重低估,损害了美国和欧盟其他成员国利益。彼得·纳瓦罗的这一指责并非空穴来风,而是与特朗普竞选期间以及当选后的执政理念一脉相承。特朗普的选战白皮书就声称"德国贸易政策受益于欧元,欧元区会变成德国的欧元区"。①

德国日益增长的贸易顺差,也给了美国政府以口实。特朗普甚至还威胁,如果大众、宝马等汽车厂商不在美国建厂而是把汽车出口到美国,将加收35%的关税。美国政府似乎已经拿起汇率武器,来解决对德国的贸易逆差问题。有金融业人士已经开始担忧,彼得·纳瓦罗的上述言论已经"在货币战争中打响了第一枪"。

面对来自美国来势汹汹的汇率操控指责,严谨的德国人展现了诚实的一面,但也据理力争。时任德国财政部部长朔伊布勒表示:"严格来说,目前的欧元汇率相对于德国的竞争力来说太低了,早在欧洲中央银行行长德拉吉着手采用扩张性货币政策时,我便予以警告,这将提高德国的出口顺差。我答应过不会公开抨击欧洲中央银行宽松立场,但我也不希望德国因为该政策而承担批评的后果。"德国总理默克尔回应称,德国一直要求欧洲中央银行保持政策独立性,德国不可能影响欧元汇率,"在贸易领域,德国一直同其他国家一起公平竞争"。

德国中央银行行长魏德曼则直接对美国进行了反击。鉴于美国在金融危机后进行的多轮量化宽松政策,魏德曼称,"正是美国而不是别的国家在金融危机后享受了近10年的竞争优势"。② 德国商界则认为,出口顺差是国家经济竞争力的表现。

美国与德国的争论各有道理。从美国的角度看,欧元汇率确实帮助德国强化了贸易优势。德国工业实力和出口产品确实竞争力

---

① 《瞄准德国 美国指责欧元被低估要打"汇率牌"》,《人民日报》2017年2月7日。
② "Why currency manipulation rhetoric will grow louder", Financial Times, Feb. 16, 2017, https://www.ft.com/content/24d49cac-efae-11e6-ba01-119a44939bb6.

强，理论上讲，持续的贸易逆差应该导致该国货币升值，进而调节贸易平衡。对于这一点，德国的财政部部长也给予了承认。德国经济部的数据显示，来自欧元区内的贸易顺差占德国 GDP 的比例 2007 年为 4%，2015 年降到了 2%。这说明，德国的贸易顺差主要来自欧元区以外，宽松货币政策下的欧元汇率确实帮助了德国出口。

但德国的观点更有说服力，其认为，从决策机制上看，德国不可能操纵欧元汇率。欧元汇率体现的是欧元区作为一个整体的经济状况，不是德国一个国家。而且，欧元区的货币政策是由有相当强独立性的欧洲中央银行作出的。实际上，德国对欧洲中央银行的宽松货币政策持反对态度，德国中央银行行长魏德曼多次对量化宽松政策提出批评。这可以说明，德国主观上无意通过压低欧元汇率来带动出口。

在汇率操纵问题上，美德各执一词，各有道理。透过这一问题我们可以观察到，德国不论是否愿意，都已经站在了美欧在货币领域竞争的前台，与美国发生了明显分歧，而且这一分歧并非在技术层面，而是有很强的政治属性。也就是说，美欧之间的分歧并非是如何通过协调货币政策来共同促进经济平稳发展，而是在特朗普当选总统后"美国优先"的理念下，德国以及欧洲是否愿意继续接受美国的领导。

在拜登就任美国总统后，宣布"美国回来了"，对欧洲盟友的态度有所调整，跨大西洋关系有所回暖，但货币领域里的分歧仍然存在。2022 年 2 月下旬，俄乌冲突发生后，美国带头对俄罗斯实施制裁，其中一个想采取的措施就是将俄罗斯踢出 SWIFT 系统，但德国总理朔尔茨却表示反对这样的做法，并说欧盟也反对。[①] 由

---

① "World leaders divided on whether to eject Russia from Swift payments system", Financial Times, Feb. 24, 2022, https://www.ft.com/content/69f72de5-d727-496d-9f9d-316db7bdaf03.

于俄罗斯是德国重要的贸易伙伴,尤其是能源提供方,德国的立场也并不出乎意料。对于俄罗斯持续的军事行动,西方未能采取迅速将俄排除出 SWIFT 系统的做法,也受到了一定的质疑,美德之间的分歧再一次显现。虽然后来部分西方国家还是形成了将部分俄罗斯银行排除在 SWIFT 系统外的做法,但那是在军事行动规模超过预期的形势下做出的,不足以掩盖内部存在的分歧。

四、打造法兰克福金融中心

德国虽然无意将金融作为外交工具来使用,但对待金融的态度,近年来还是有一些新的变化。在 2016 年 6 月英国全民公投决定脱离欧盟后,欧洲面临一个新的现实问题,那就是伦敦作为金融中心,其业务是否会向欧洲大陆转移?

英国自身的优势以及可以自由进入欧盟大市场的便利,铸就了英国的金融中心地位,许多世界大型金融机构都选择在英国与欧洲国家进行交易。[1] 欧盟 85% 的对冲基金资产、70% 的离岸衍生品交易、51% 的海上保险都在伦敦。[2] 整个欧洲与美国、亚太地区的资金流动,50% 以上是通过伦敦的金融机构进行的。[3] 根据欧盟 2014 年颁布的金融工具市场指令(MiFID Ⅱ),"第三方国家"金融机

---

[1] "Worldwide Currency Usage and Trends, Information paper prepared by SWIFT in collaboration with City of London and Paris", EUROPLACE, Dec. 2015, p. 12, https://www.cityoflondon.gov.uk/business/economic-research-and-information/research-publications/Documents/Research-2015/SWIFT_Currency_Evolution.pdf.

[2] "The economic consequences of leaving the EU", Center for European Reform, Apr. 2016, p. 69, http://www.cer.org.uk/sites/default/files/publications/attachments/pdf/2014/report_smc_final_report_june2014-9013.pdf.

[3] "Worldwide Currency Usage and Trends, Information paper prepared by SWIFT in collaboration with City of London and Paris", EUROPLACE, Dec. 2015, p. 6, https://www.cityoflondon.gov.uk/business/economic-research-and-information/research-publications/Documents/Research-2015/SWIFT_Currency_Evolution.pdf.

构要在欧盟经营,须欧盟委员会认定该国法律和监管框架与欧盟等同。

这意味着,英国银行要在欧洲大陆经营,必须遵守欧盟愈加严格的金融监管规定。虽然在短期内英国可以通过谈判暂时维持在欧盟金融市场的准入,但从中长期看,英国需要认可欧盟的监管规定,而且这些规定还会随着时间的推移而进行修改,这对一贯主张放松监管的英国来说很难接受。①

从实际情况看,在脱欧公投后的几年时间,金融业务已经出现向欧洲大陆转移的迹象,虽然对英国来说尚未伤筋动骨,但对于欧盟一些具备一定金融实力的国家来说,却是难得的将自己打造成新金融中心的机遇。2016年6月24日公投结果公布后,7月初法国即出台多项措施,如延长外国企业免税期限、为外国员工提供更多生活便利等,极力争取可能从英国转移出来的金融业务。巴黎大区议会主席瓦莱丽·佩克雷斯直言:"我们希望将巴黎建成欧洲顶级金融中心。"② 2017年5月马克龙当选总统后,强力推动国内改革,目的之一就是助力巴黎与英国争夺国际金融中心地位。

法兰克福作为欧洲大陆的金融中心之一,拥有300多家银行(其中四分之三是国际银行),700多家保险公司。欧洲中央银行、德国中央银行、德国联邦金融监管局、法兰克福证券交易所、德意志银行、德国商业银行等总部都在法兰克福。其中,欧洲中央银行不仅制定欧元区货币政策,还承担欧元区银行业单一监管职能,德国联邦金融监管局是欧盟内少数有复杂衍生品交易管理经验的监管机构,法兰克福证券交易所是继纽约和伦敦之后的全球第三大交

---

① "The economic consequences of leaving the EU", Center for European Reform, Apr. 2016, p. 80, http://www.cer.org.uk/sites/default/files/publications/attachments/pdf/2014/report_smc_final_report_june2014-9013.pdf.

② 《英要"脱欧"巴黎欲"挖"伦敦金融中心墙角》,新华网,2016年7月8日,http://news.xinhuanet.com/world/2016-07/08/c_129125821.htm。

易所。

在英国脱欧公投后不久,法兰克福也公布了自己吸引国际金融人才和机构的计划,对自己想做强金融中心的意愿并不遮掩。从英国脱欧公投后几年的实际情况看,法兰克福的金融中心建设也确实受益。2021年3月17日,国际咨询公司Z/Yen集团发布的全球金融中心指数显示,德国法兰克福首次超过卢森堡、巴黎、苏黎世等欧洲大陆其他主要金融中心,跻身全球前十大金融中心第九位。

据德国监管机构统计,其已向约60家有意或正在法兰克福创立欧元区新总部的银行、金融服务提供商和保险公司发放了牌照。法兰克福官方数据显示,自从英国脱欧公投以来,已经有3600个工作岗位被转移至当地,且此趋势还在继续。另据德国中央银行数据,目前已有6750亿欧元资产受英国脱欧影响被转移到法兰克福。

由于英国还在努力维系自身的金融中心地位,还有很多存量优势,比如基础设施完善、专业人才聚集、语言通用、政策透明等,[1] 这些都不会因脱欧而丧失。而且脱欧后,英国金融监管将摆脱欧盟的束缚,政策上可能更具灵活性。在可预见的未来,伦敦的金融中心地位受到根本性冲击的可能性较小。同时,法兰克福在欧盟还存在竞争对手,巴黎、卢森堡、阿姆斯特丹等都有意"分一杯羹"。法兰克福作为金融中心在脱欧机遇下,一定会向好的方向发展,至于发展到何种程度,可能还需要比较长的观察期。目前能够感受到的就是,伴随着金融机构、人员、业务的迁入,法兰克福的房价、房租已经是节节上涨,但当地的居民对此似乎并不欢迎。

接下来的问题是,法兰克福竭力打造金融中心,与我们前面说的"金融为实体经济服务"是否矛盾呢?外来的资本一定是逐利

---

[1] "The economic consequences of leaving the EU", Center for European Reform, Apr. 2016, p. 70, http://www.cer.org.uk/sites/default/files/publications/attachments/pdf/2014/report_smc_final_report_june2014-9013.pdf.

的，是否会将德国金融业带向美英的"利润最大化"模式呢？目前来看还并不矛盾。前面我们提到，法兰克福的银行主要是外国银行，从事的也主要是国际业务，因为英国作为金融中心，其很大一块业务也是国际业务而不是国内业务。德国作为开放型经济和出口大国，国际业务也很多，再加上可能从伦敦市场转移过来的业务，法兰克福是要抓住这些机遇，而不是改变国内金融体系的运作模式，国际银行与德国的本土银行之间并不存在明显的竞争关系。

还有一个问题是，法兰克福作为金融中心，如果真的做大做强，会不会像英国、美国一样，也将其作为外交工具来使用呢？至少目前来看，还没有这样的迹象。本人2018年的时候曾经到伦敦、巴黎、法兰克福、柏林做比较调研，内容就是英国脱欧背景下的欧洲金融中心格局变化。连续走访上述城市，对比十分强烈。伦敦作为老牌金融中心，底蕴仍在，对自身的优势仍有信心。巴黎则雄心勃勃，踌躇满志，总统马克龙亲自做广告，公开的口号就是要与伦敦"平起平坐"。法兰克福则注重行动，大搞基础设施建设，甚至考虑修改劳动法，为金融机构进入做准备。

而到柏林时，官方机构和学者以及社会各界，似乎对于这一问题漠不关心。我对此有些诧异，为什么柏林对法兰克福的金融中心建设不闻不问呢？得到的答案是，德国是联邦国家，法兰克福的金融中心建设属于地方的事，也就是黑森州政府的事，所以联邦政府不管这些。此事虽然过去数年，但记忆犹新。从柏林对法兰克福的态度可以看出来，金融中心的建设还没有上升到国家层面，仍然属于地方事务，或者说还是属于经济事务，还没有上升到高政治领域，这也就意味着，德国政府还没有将金融中心建设与对外战略挂钩。

如果像美国、英国那样，金融早已成为外交的一部分，德国政府怎能不关心呢？看来，虽然英国脱欧影响了整个欧洲的金融版图，给德国带来了新的机遇，但德国人对金融的定位并没有发生实质性的改变，金融依然是实体经济的"仆人"，而不是实现对外战略的工具。这就是德国人对金融的态度。

德国人对金融的谨慎，已经渗透到了血液和基因，不会因外部环境而轻易改变。这似乎也就意味着，德国为发展金融中心所能做出的调整有限，一些金融大鳄在德国恐难像在伦敦、纽约金融市场那样驰骋，对他们来说，法兰克福市场的吸引力有限。好的结果是，德国的金融有望继续保持稳定，继续服务实体经济，相对应的，德国恐怕永远不会发展成为纽约、伦敦那样受资本青睐的全球金融中心。

总体看，德国在金融和货币领域有着明确的定位，就是服务于国内实体经济，并未显示出"霸权野心"。德国将金融与货币作为实现战略目标的工具，主要是放弃马克，进而实现国家再次统一的目标。这一现象可能是绝无仅有的，德国将货币作为外交工具的方式是放弃了本国货币，的确是一件很有意思的事情。虽然德国无意将金融外交化，但日益强大的本国经济还是受到了外界的重视，这也让德国在货币方面承受了一定的外部压力。在百年大变局下，货币作为实现政治目标的手段越来越明显，欧洲也存在提高欧元地位和影响力的声音，当然这不是德国自己所能决定的，需要和欧洲伙伴们一起协商。由于货币，德国和欧洲已经深度地捆绑在一起。

后　记

　　时光荏苒，转眼驻外回国已一年有余。回国后忙于新岗位工作，有些手忙脚乱。时间过得很快，似乎总是来不及思考，也来不及回味。

　　当出版社的老师通知我写这本书的后记时，我才突然间想起来，曾经有一段驻德时光，还有一本书即将出版，实在是个惊喜。一边写着后记，一边把自己带回那段记忆。

　　不忘初心，方得始终。回忆起当初写书的日子，历历在目。当时工作之余写书的初衷，是把这段岁月记录下来。两年多的时间，对驻外来说虽然不长，但对人生来讲，也是不短的时光，也留下了难忘的回忆。一个人安安静静地在办公室里，把自己的所思所想和亲身体验写下来，人生能够有一次这样的机遇，应该心满意足了。

　　非常感谢我所在的单位，中国现代国际关系研究院，在那段难忘的日子里，能够让我亲身体验和了解国外的情况，实在是难得的机遇，这样的机会恐怕以后都难得再有了，这也让书稿的写作多了一份意义。

　　也非常感谢在德国工作期间的领导和同事，他们在工作上提供的支持，生活上提供的便利，让我虽然只身在外，但却时刻感受到组织的温暖，让这本书稿的写作变为可能。驻外期间，和身边同事和朋友的交流，也让我受益匪浅。

　　感谢时事出版社的领导和同事，如果没有出版社一开始的信任和支持，本书的写作似乎没有可能，尤其感谢刘云对本书中肯的建议，感谢陈逸鸽细心的编辑和校对。本人回国后也从事编辑出版工作，增加了对这份职业的理解，深知其中不为人知的不易。

感谢家人的鼓励和支持，两年多不在家，家庭负担都由家人承担，很惭愧也很感恩！尤其感谢夫人刘兰芬，承担家务的同时，在本人回国之后帮忙审校了整本书稿，实在是个贤内助。

当然还要感谢我的导师。要不是导师那句半开玩笑的话，这本书无从谈起。书出版后，下次见导师时一定带上，这样汇报国外期间的工作生活经历时，底气可以更足一些。

要感谢的人很多，本书的完成是对自己驻外期间的一个交代，一定程度也是领导、同事、朋友、家人们的期待。书稿虽然完成，但感觉更像是完成一项任务，自知对德国经济的认识似乎才刚刚开始。书中提及了德国经济的多个方面，但感觉都是浅尝辄止，缺乏细致深入的分析，其实每一个部分都可以做得更深、更实，每一个部分都有空间继续"做文章"。

书中还夹杂了很多自己驻外期间的感性思考，这让书稿看起来更像是散文，而不是严谨的学术分析。而且，德国经济也在发生变化，在乌克兰危机的影响下，在全球化动力与阻力并存的背景下，德国经济何去何从。尤其是回国之后的这一段时间，德国又发生了许多新的变化，由于时间的关系，也没来得及跟踪和深入思考。在本书截稿之时，似乎也是新的研究课题开始之际。

"一切过往，皆为序章。"书稿的出版是对德国经济研究的起点而不是终点，希望过去的观察和思考能够成为未来研究的基石，更希望能够得到学界同仁的批评指正。

2024 年 5 月 15 日
于北京田村山旁

图书在版编目（CIP）数据

德国经济再认识 / 刘明礼著. -- 北京：时事出版社，2024.9. -- ISBN 978-7-5195-0606-3

Ⅰ．F151.6

中国国家版本馆 CIP 数据核字第 2024W8W134 号

出 版 发 行：时事出版社
地　　　　址：北京市海淀区彰化路 138 号西荣阁 B 座 G2 层
邮　　　　编：100097
发 行 热 线：(010) 88869831　88869832
传　　　　真：(010) 88869875
电 子 邮 箱：shishichubanshe@sina.com
印　　　　刷：北京良义印刷科技有限公司

开本：787×1092　1/16　印张：15.25　字数：209 千字
2024 年 9 月第 1 版　2024 年 9 月第 1 次印刷
定价：118.00 元

（如有印装质量问题，请与本社发行部联系调换）